Inhalt

W0064106

100% übersichtlich

Erleben Sie 100% Brüssel auf sechs Spaziergängen. Jedes Kapitel im 100 % Cityguide ist einem Spaziergang gewidmet. Am Kapitelende gibt es eine Karte mit der Kurzbeschreibung des Spaziergangs. Auf der Karte in der vorderen Umschlagklappe sehen Sie die sechs Kartenausschnitte im Überblick. Dort finden Sie anhand der Buchstaben Ⓐ bis Ⓩ alle Hotels sowie die Sehenswürdigkeiten und Ausgehtipps, die nicht auf einem der Spaziergänge liegen.

In den sechs Kapiteln beschreiben wir ausführlich, welche Sehenswürdigkeiten Sie auf den Spaziergängen entdecken können und wo man gut essen, trinken, shoppen, feiern und relaxen kann. Alle Adressen sind mit einer Nummer ① gekennzeichnet, die Sie im Stadtteilplan am Ende des Kapitels wiederfinden. An der Farbgebung der Nummer können Sie erkennen, zu welcher Kategorie die jeweilige Adresse gehört:

⬤ Sehenswürdigkeiten	⬤ Shoppen
⬤ Essen & Trinken	⬤ 100 % there

SECHS SPAZIERGÄNGE
Zu jedem Kapitel gehört ein Spaziergang, der – ohne Besuch der genannten Sehenswürdigkeiten – ungefähr drei Stunden dauert. Auf den einzelnen Stadtteilplänen sehen Sie den genauen Verlauf der Route und können deren Länge anhand des Maßstabs ungefähr bestimmen. Die Wegbeschreibung links neben dem Stadtplan führt Sie entlang der Sehenswürdigkeiten zu den schönsten Adressen. So entdecken Sie fast nebenbei die besten Shoppinggelegenheiten, die nettesten Restaurants und die angesagtesten Cafés und Bars. Wer irgendwann keine Lust mehr hat, der Route zu folgen, kann aufgrund der ausführlichen Tipps und Pläne auch wunderbar auf eigene Faust Entdeckungen machen.

PREISANGABE BEI HOTELS UND RESTAURANTS
Um Ihnen eine Vorstellung von den Preisen in den Hotels und Restaurants zu geben, finden Sie bei den Anschriften stets auch die Preise. Die Angaben für Hotels beziehen sich auf ein Doppelzimmer mit Frühstück pro Nacht, es sei

100% BRÜSSEL

Spaziergang 1: ZENTRUM & SINT-KATELIJNE (SAINTE-CATHERINE)
Dieser Spaziergang führt durch das lebhafte Zentrum mit seinen vielen verwinkelten Gassen. Man kommt an bekannten Hotspots wie dem Großen Markt und dem Manneken Pis vorbei und durchquert das gemütliche Viertel Sint-Katelijne (Sainte-Catherine).

Spaziergang 2: ZAVEL & MAROLLEN (SABLON & MAROLLES)
Schwan oder hässliches Entlein, schick oder einfach, Bourgeoisie oder Bohemien, antike Kunst oder antiker Trödel, Pralinen oder Frikadellen – das ist der Kontrast zwischen Zavel (Sablon) und Marollen (Marolles) im zweiten Spaziergang.

Spaziergang 3: SINT-GILLIS & BRUGMANNPLEIN (SAINT-GILLIS & PLACE BRUGMANN)
Ein Spaziergang durch ein altes Migrantenviertel, das immer beliebter wird. Hier begegnet man Künstlern, dem Jetset auf dem Brugmannplein (Place Brugmann) und schöner Art-nouveau-Architektur, der eleganten Kunst- und Architekturströmung, die Brüssel so berühmt gemacht hat.

Spaziergang 4: ELSENE (IXELLES)
Der abwechslungsreichste Spaziergang mit viel sehenswerter Architektur startet im französischsprachigen Szeneviertel Châtelain, verläuft über die flämisch geprägte Gegend Flagey, führt an den Seen entlang zum schicken Ter Kamerenbos (Bois de la Cambre) und von dort zurück nach Châtelain.

Spaziergang 5: EUROPAVIERTEL & DIE SQUARES
Dieser Spaziergang durch das Viertel mit den EU-Institutionen und den edlen Läden und Restaurants ist nur an Werktagen interessant. Am Wochenende ist die Gegend ausgestorben und gleicht eher einer Geisterstadt.

Spaziergang 6: KUNSTBERG, MATONGE & SINT-BONIFAAS (SAINT-BONIFACE)
Hier liegen die meisten, teils sehr bedeutenden Sehenswürdigkeiten: der Königspalast, das neue Magritte-Museum, das Palais des Beaux-Arts und die Kathedrale, in der die Trauungen und Trauerfeiern der Königsfamilie stattfinden. Exotisches Finale: das pulsierende, afrikanische Viertel Matonge.

100 % BRÜSSEL

Ist Brüssel im Begriff, ein neues Berlin zu werden? Eine Stadt mit viel Raum für kulturelle Erneuerung? Die Meinungen gehen da auseinander, am besten bildet man sich seine eigene. So viel steht fest: Brüssel ist heute eine pulsierende Metropole und bietet mehr als nur Waffeln und Schokolade, Bier und Pommes, das Manneken Pis, das Atomium und den Großen Markt. Auch ist die Stadt mehr als nur Sitz der EU. Brüssel ist eine Drehscheibe zwischen Nord- und Südeuropa, geprägt von zwei Sprachen, Französisch und Niederländisch, ein Schmelztiegel von über 200 Nationalitäten und auch ein Chamäleon, das ständig und überall sein Erscheinungsbild ändert. Der 100% Cityguide zeigt Ihnen ganz genau, was Sie auf keinen Fall verpassen sollten. Sightseeing & Shopping, Ausgehen & Abenteuer – die übersichtlichen Stadtpläne weisen Ihnen den Weg.

AUF 6 SPAZIERGÄNGEN 100 % BRÜSSEL ERLEBEN!

denn, es ist etwas anderes angegeben. Die Angaben für die Restaurants nennen – wenn nicht anders verzeichnet – den Durchschnittspreis eines Hauptgerichts. Bei Cafés ist dies der Preis für ein Sandwich oder eine kleine Mahlzeit.

BRUSSELS CARD

Die Brussels Card bietet viele Vorteile: Gratis-Eintritt zu zahlreichen Museen, kostenlose Nutzung von Bus, U- und Straßenbahn, ermäßigter Zugang zu einigen Attraktionen sowie Rabatte in diversen Geschäften und Restaurants. Die Card gibt es entweder für 24 Stunden (24 Euro), 48 Stunden (34 Euro) oder 72 Stunden (40 Euro). Sie ist unter *www.brusselscard.be*, in den Infozentren von VisitBrussels, bei Toerisme Vlaanderen (Grasmarkt/Rue Marche aux Herbes 61) sowie in einigen Museen erhältlich.

SPRACHEN

Obwohl Brüssel offiziell zweisprachig ist, sprechen fast 90 Prozent der Bevölkerung nur oder fast nur Französisch und kaum oder kein Niederländisch. Dies zum Leidwesen der Flamen, denn Brüssel ist schließlich ja auch ihre Hauptstadt. Anders als in manchen anderen Gegenden Belgiens merkt man hier so gut wie nichts von etwaigen Feindseligkeiten zwischen Flamen und Wallonen. Dieser Dauerkonflikt ist in den Medien zwar überall präsent, in Brüssel jedoch kein Thema. Hier ist jeder einfach ein Einwohner Brüssels. Übrigens wurde festgestellt, dass in Brüssel über 200 verschiedene Sprachen gesprochen werden, was nicht zuletzt auf die lange Zuwanderungsgeschichte Belgiens zurückzuführen ist.

ESSEN & TRINKEN

Belgier sind echte Genießer, Essen und Trinken sind ihnen sehr wichtig. Die Restaurants sind immer gut gefüllt (daher empfiehlt es sich zu reservieren), bereits ab dem frühen Nachmittag stehen die Biergläser auf den Tischen. Die lokalen Spezialitäten: Waffeln, Schokolade, Muscheln sowie Pommes, mit oder ohne Steak. Probieren Sie auch mal Gerichte wie *stoofvlees* (Schmorfleisch), *Gentse waterzooi* (Gemüsegericht mit Hühnereinlage) und *stoemp* (eine Art Eintopf). Kneipen haben meistens nur eine begrenzte Auswahl, aber *croque monsieurs* (Käse-Schinken-Toast) und *spaghetti bolo* (Spaghetti Bolognese) stehen auf nahezu jeder Speisekarte. Nette Gewohnheit: der Apéro vor dem Abendessen, das in Brüssel meist erst nach acht Uhr eingenommen wird. Bitte beachten: In der belgischen Gastronomie gilt seit dem 1. Juli 2011 ein allgemeines Rauchverbot.

Delhaize und Carrefour (auch GB genannt) sind die zwei großen Supermarktketten der Stadt. Dennoch findet man an fast jeder Ecke einen Tante-Emma-Laden oder "24-Stunden-Laden". Letztere haben bis nach Mitternacht geöffnet und verkaufen alles Mögliche. Ideal also für Nachtschwärmer.

FESTIVALS UND EVENTS

In Brüssel ist immer etwas los, und zwar für alle Altersklassen. Zum Beispiel gibt es das alljährliche Brussel Bad mit Sandstrand, Palmen und vielen Cocktails am Kanal (*www.blb-bb.be*). Sie mögen es aktiver? Dann schnallen Sie sich an lauen Freitagabenden die Skates unter und fahren Sie mit den Belgium Rollers durch die Straßen der Stadt (*www.belgiumrollers.com*). Oder erkunden Sie joggend mit einem Führer die Gegend (*www.brussels-sightjogging.com*). Zudem gibt es noch einige autofreie Sonntage, Musikfestivals, das Kunstenfestivaldesarts, Weihnachtsmärkte und, und, und ... Unter *www.uitinbrussel.be* und *www.agenda.be* findet man eine täglich aktualisierte Übersicht mit Festivals, Events, Sonderausstellungen, Konzerten, Umzügen und vielem mehr.

ALTERNATIVE SZENE

Wie es sich für eine Metropole gehört, hat auch Brüssel eine aktive Street-Art-Szene. Das Brüsseler Pendant zu Banksy heißt Bonom (*www.bonom.be*), ein französischer Graffitikünstler mit einer treuen Fangemeinde. Es gibt aber noch mehr Künstler, die sich den Brüsseler Straßen verschrieben haben. Anfang 2012 tauchte auch der Pariser Straßenkünstler Invader (*www.space-invaders.com*) in der Stadt auf und hinterließ 40 bunte Space-Invader-Figuren aus Keramik an diversen öffentlichen Plätzen, unter anderem beim Manneken Pis. Bei Adrien Grimmeau kann man eine Graffiti-Wanderung buchen (*www.iselp.be*), oder machen Sie sich mit dem Bonom-Stadtplan auf den Weg (erhältlich unter *www.editionsdavril.fr*).

ARCHITEKTUR

Um die Jahrhundertwende zum 20. Jahrhundert bildete sich in Brüssel eine neue Kunst- und Architekturströmung heraus: Art nouveau. Die bedeutendsten Beispiele stehen in Elsene (Ixelles), Sint-Gillis (Saint-Gillis) und Schaarbeek

(Schaerbeek) und stammen von Victor Horta und Paul Hankar, den bekanntesten Vertretern dieser Strömung (*www.bruxellesartnouveau.be*).

NATIONALE FEIERTAGE

Außer den kirchlichen Feiertagen, Ostern, Pfingsten und Christi Himmelfahrt, kennt Belgien noch folgende gesetzliche Feiertage:

1. Januar	Neujahr
1. Mai	Tag der Arbeit
11. Juli	Feiertag der flämischen Gemeinschaft (nur in Flandern)
21. Juli	Nationalfeiertag
15. August	Mariä Himmelfahrt
27. September	Feiertag der französischen Gemeinschaft (nur in Wallonien)
1. November	Allerheiligen
11. November	Waffenstillstand
25. Dezember	1. Weihnachtstag

An Feiertagen bleiben die meisten Behörden, Geschäfte und Banken geschlossen. Bitte beachten: Wenn ein Feiertag auf einen Sonntag oder der 1. Mai auf einen Samstag oder Sonntag fällt, ist der nächste Werktag (Montag) auch ein Feiertag! An diesen freien Montagen sind die Geschäfte in der Regel jedoch geöffnet.

HABEN SIE NOCH TIPPS?

Wir haben diesen Reiseführer mit großer Sorgfalt zusammengestellt. Da das Angebot an Geschäften und Restaurants in Brüssel jedoch regelmäßig wechselt, kann es sein, dass eine Empfehlung nicht mehr existiert. Besuchen Sie in diesem Fall oder wenn Sie andere Anmerkungen zu diesem 100 % Cityguide haben, unsere Webseite *www.100travel.de/bruessel* oder schreiben Sie uns an *info@momedia.com*. Wir freuen uns über Hinweise, neue Tipps und natürlich auch Fotos. Posten Sie diese gerne auf unserer facebook fanpage: *facebook.com/100travel*.

Last but not least möchten wir noch bemerken, dass keine der vorgestellten Adressen für ihre Erwähnung bezahlt hat, weder für den Text noch für die Fotos. Alle Texte wurden von einer unabhängigen Redaktion geschrieben.

Hotels

In Brüssel gibt es Hotels in Hülle und Fülle sowie in allen Preiskategorien – vom Hostel bis zum Hilton. Die meisten Hotels sind nach dem offiziellen Fünfsternesystem klassifiziert, wobei ein Stern dem niedrigsten Standard entspricht, fünf Sterne dem höchsten. Was allerdings nicht bedeutet, dass Fünfsternehotels immer über die schönsten Zimmer verfügen. Besonders ausgefallene Zimmer findet man eher in kleineren Häusern, von denen hier einige genannt werden. Keine Lust auf ein Hotel? Kein Problem, denn was *chambres d'hôtes*, also private Gästezimmer, angeht, hat Brüssel eine lange Tradition. So lernt man die Stadt und ihre Einwohner ganz anders kennen, und man bezahlt auch weniger für eine Übernachtung. Bed & Brussels ist eine gute, zuverlässige Buchungsstelle (*www.bnb-brussels.be*).

Im Folgenden finden Sie unsere Lieblingsadressen. Sie alle sind mit einem Buchstaben versehen, den Sie auf dem Übersichtsplan vorn im 100 % City-guide wiederfinden. Die Preise gelten pro Doppelzimmer und Nacht.

GÜNSTIGE PREISKLASSE

(A) **Sylvia und Jerôme** wohnen mit ihren Kindern an den Seen des schicken Viertels Flagey, eine Viertelstunde vom Zentrum und den Touristenströmen entfernt. Sie haben die obere Etage ihres Hauses zu einem charmanten Gästezimmer umgebaut. Die Einrichtung ist modern, der Holzboden weiß. Internetanschluss und Frühstück sind im Preis enthalten. Die genaue Adresse bekommt man erst nach der Kontaktaufnahme.
flageyplein, telefon: 0488 600121, preis: 60 €, straßenbahn: 81, bus: 71

(B) Im Herbst 2010 öffnete das **Aloft** seine Türen, ein Hotel, das sich selbst "urban cool" nennt und es auch ist. Es verfügt über 147 moderne, komfortable Zimmer mit großen Fenstern und hohen Decken. Wer etwas länger bleiben will, kann über eines der drei Appartements verfügen. Die hoteleigene w xyz bar, in der DJs auflegen, bietet neben Cocktails auch ein Snack-Menü. Und im Take-away Re:fuel kann man rund um die Uhr seinen Hunger nach Süßspeisen oder gesunden Snacks stillen.
place jean rey, www.aloftbrussels.be, telefon: 02 8000888, preis: ab 75 €, u-bahn: schuman

PANTONE HOTEL ©

MITTLERE PREISKLASSE

(c) Das farbenfrohe **Pantone Hotel** steht völlig im Zeichen der Pantone-Farb-palette, die jedem Designer ein Begriff ist. Sogar die Fassade ist mit bunten Elementen versehen. Das Hotel verfügt über komfortable Zimmer und in den oberen Etagen einen herrlichen Blick auf das lebendige Sint-Gillis (Saint-Gillis). *loixplein 1, www.pantonehotel.com, telefon: 02 5414898, preis: vanaf 75 €, u-bahn: halleport*

(d) Blümchen-Gardinen und angestaubte Tischdecken im **Hotel Bloom!**? Fehlanzeige! Das Hotel hat helle Zimmer mit ultramoderner Einrichtung und liegt zentral neben dem Kulturzentrum Botanique. In der hauseigenen Bar SmoodS genehmigt man sich am Abend einen Drink. *koningsstraat 250, www.hotelbloom.com, telefon: 02 2206611, preis: ab 90 €, u-bahn: kruidtuin*

(e) Das **Charlie B&B** stellt seinen Gästen die zweite Etage eines schön reno-vierten Hauses aus dem frühen 20. Jahrhundert zur Verfügung. Hier befinden sich außer dem geräumigen Schlafzimmer auch das Badezimmer, die Toilette und ein Zimmer mit Balkon, das als Aufenthaltsraum oder als Schlafzimmer genutzt werden kann. Das Frühstück wird im Erdgeschoss serviert. *jean robiestraat 42, www.charliebedandbreakfast.com, telefon: 02 8505996, preis: 90 € inkl. frühstück, u-bahn: horta*

(f) **Housestories** erzählt die Geschichte eines prächtigen Art-déco-Hauses aus den 1930er-Jahren, in dem die Eigentümer zwei Einzimmer-Appartements, eine Zweizimmerwohnung, ein Loft und ein Art-déco-Penthouse errichten ließen. Nachhaltigkeit wird großgeschrieben und äußert sich in Sonnenkollektoren, Regenwassernutzung und Vintage-Möbeln. *besmelaan 107, www.housestories.be, telefon: 00473 641851, preis: ab 95 € (mindestens vier übernachtungen), u-bahn: albert*

(g) Ein junges Architektenpaar wandelte eine typische Stadtwohnung um in **Urban Rooms**, ein B&B mit drei geräumigen, schönen Zimmern und Suiten. Das Frühstück wird im "wake up room" serviert, einem Kaminzimmer. An lauen Sommerabenden kann man auf der Terrasse den Sonnenuntergang genießen. *elzas-lotharingenstraat 10, www.urbanrooms.be, telefon: 0471 951535, preis: ab 120 €, u-bahn: troon*

(H) Das neu eröffnete **Hotel Le Berger** wurde 1933 als Stundenhotel errichtet. Kein Wunder, dass man offene Badezimmer, eine anzügliche Dekoration und viele Spiegel vorfindet. Die Zimmer sind modern und komfortabel im Stil der 1930er-Jahre eingerichtet, inklusive des frivolen Touchs. Auch die historische Bar und das Restaurant im Erdgeschoss wurden wieder originalgetreu hergerichtet.
herdersstraat 24, www.lebergerhotel.be, telefon: 02 5108340, preis: ab 120 €, u-bahn: louiza

(I) Das B&B **Ruedarwin17** befindet sich in einem ehemaligen Jugendstil-atelier aus dem frühen 20. Jahrhundert. Die Zimmer, die der Architekt Blérot im Auftrag der Künstlerin Louise de Hem entworfen hat, sind geräumig und hell. Inzwischen wurde das Haus vom Brüsseler Architektenbüro Lhoas & Lhoas zu einem modernen, stilvollen B&B umgebaut, in dem jedes Zimmer ein eigenes Bad hat.
darwinstraat 17, www.ruedarwin17.be, telefon: 0474 634524, preis: 140 € inkl. frühstück, u-bahn: 92

GEHOBENE PREISKLASSE

(J) **Métropole** ist ein bekanntes Belle-Époque-Hotel im Zentrum der Stadt. Dieses Luxushotel mit glänzenden Kupferdetails und stilvollen Marmorböden verfügt über ein eigenes Wellness-Center, ein Café und ein gutes Restaurant mit französischer Küche. An Wochenenden, wenn in diesem Grand Hotel keine Geschäftsleute nächtigen, kann man sich für verhältnismäßig wenig Geld wie ein VIP fühlen.
de brouckèreplein 31, www.metropolehotel.com, telefon: 02 2172300, preis: ab 169 € (wochenendangebot mit einer übernachtung), u-bahn: de brouckère

(K) **Le Dixseptième** befindet sich in einem wunderschön renovierten Haus aus dem 17. Jahrhundert und hat eine tolle Atmosphäre. Sämtliche Zimmer sind nach bekannten belgischen Künstlern benannt und unterschiedlich eingerichtet. In den meisten Räumen gibt es antikes Mobiliar und schöne Wanddekorationen, in einigen sogar einen offenen Kamin. Das Frühstück ist sehr üppig und im Preis enthalten.
magdalenasteenweg 25, www.ledixseptieme.be, telefon: 02 5171717, preis: ab 200 €, u-bahn: centraal station

Unterwegs

Die Einwohner Brüssels sind berüchtigt für ihren Fahrstil, der – gelinde gesagt – etwas rüde ist. Auch Fußgänger sind nicht zu bremsen, schon gar nicht durch rote Ampeln. Zudem hat die Stadt ein enormes Parkplatzproblem. Wer trotzdem mit dem **Auto** kommt, sollte wissen, dass es kaum Vorfahrtsstraßen gibt und der Verkehr von rechts fast immer Vorfahrt hat.

Der öffentliche Nahverkehr in Brüssel ist relativ gut ausgebaut. Mit einer Einzelfahrkarte (am Automaten 2 Euro, im Verkehrsmittel 2,50 Euro) kann man eine Stunde lang mit allen **Bussen, Straßen- und U-Bahnen** fahren. Streifenkarten gibt es auch: Fünf Streifen kosten 7,50 Euro, zehn Streifen 13 Euro. Für Vielfahrer bietet sich eine 24-, 48- oder 72-Stunden-Karte (jeweils 6, 10 oder 13 Euro) an. Alle Karten müssen entwertet werden, entweder im Fahrzeug (Bus, Straßenbahn) oder beim Eingang der Haltestelle (U-Bahn). Vergessen Sie das Stempeln nicht, wenn Sie mit öffentlichen Verkehrsmitteln fahren bzw. umsteigen. Es wird zwar nicht viel kontrolliert, aber wer beim Schwarzfahren erwischt wird, zahlt eine saftige Strafe. Die U-Bahn ist das beliebteste Verkehrsmittel. Von den sechs Linien (1 bis 6) sind die Linien 2 und 6 (um das Zentrum herum) die wichtigsten. Die Haltestellen Zuid-Station (Gare du Midi), De Brouckère und Kunst-Wet (Arts-Loi) sind die wichtigsten Drehkreuze des U-Bahn-Netzes. Mehr Infos unter *www.stib.be*.

In Brüssel gibt es nur **Nachtbusse von Noctis** (lediglich an Wochenenden). Deshalb sollte man sich vorab darüber informieren, bis wann eine Haltestelle angefahren wird. In der Nacht (23 bis 6 Uhr) bietet sich **Collecto** an, ein **Taxidienst** mit festen Abfahrtspunkten. Diese Taxis kosten 6 Euro pro Person und Fahrt. Allerdings muss vorher reserviert werden unter 02 8003636.

Die Brüsseler Taxifahrer sind sehr korrekt und bringen einen auf direktem Weg zum Zielort. Die Preise sind gesetzlich geregelt: Der Startpreis beträgt 2,40 Euro, der Kilometerpreis 1,66 oder 2,70 Euro (je nach Zone). Manchmal kommt eine Wartevergütung von 30 Euro pro Stunde hinzu. Die Fahrer sind angehalten, Quittungen auszustellen. Die Brüsseler Taxis sind schwarz mit seitlichen schwarz-gelben Streifen und einem Dachlicht. Sie können an einem der vielen Taxistände einsteigen oder ein Taxi auf der Straße anhalten.

Auch an Bahnhöfen, Luxushotels und markanten Orten wie Börse, Porte de Namur, den Plätzen Rogier und De Brouckère stehen Wagen bereit. Oder Sie bestellen telefonisch: Taxis Verts 02 3494949 oder Autolux 02 4114142.

In Brüssel gibt es ein **Fahrrad-Verleihsystem**. Ausleihe und Rückgabe erfolgt an einer der 180 Stationen. Unter *www.villo.be* erhält man einen Plan fürs Handy, auf dem alle Standorte eingezeichnet sind. Eine Tageskarte kostet 1,60 Euro, eine Wochenkarte 7,50 Euro. Jede erste halbe Stunde ist kostenlos, für die nächsten 30 bis 60 Minuten zahlt man 50 Cent, für die folgenden 90 Minuten 1 Euro. Ab 2 Stunden beträgt die Leihgebühr 2 Euro je halbe Stunde. Bezahlen kann man mit Kredit- und EC-Karte. Bitte beachten: Da Brüssel teils auf einem Hügel liegt, sind die Stationen im tiefer gelegenen Zentrum oft sehr voll und die höher gelegenen nur mager bestückt.

Zentrum & Sint-Katelijne (Sainte-Catherine)

Labyrinth mit verborgenen Schätzen

Das Zentrum von Brüssel ist so, wie man sich eine Altstadt vorstellt: zahllose verwinkelte Gassen, schöne Baudenkmäler und alte Häuser, mehr Cafés als Geschäfte, an jeder Ecke ein Bistro und eine Kirche, und überall herrscht angenehme Betriebsamkeit. Die Stadt ist ziemlich touristisch, aber auch sehr gemütlich – und gesegnet mit vielen verborgenen Schätzen.

Der alte Kern ist das Resultat der berüchtigten Brüsseler Stadtplanung oder besser gesagt: dem Fehlen einer solchen. Die Stadt ist seit der Gründung "organisch" gewachsen – ein Phänomen, das sich in den vielen verwinkelten Gassen und Straßen widerspiegelt. Angetrieben von der Pariser Stadterneuerung wurden im 19. Jahrhundert tiefgreifende Maßnahmen durchgeführt wie zum Beispiel die Überbauung des Senne-Flusses und der Bau der zentralen Alleen sowie des Kunstbergs. In der zweiten Hälfte des 20. Jahrhunderts wurde die Innenstadt umgestaltet; Brüssel sollte ein Klein-New-York werden. Die Folge: Historische Bauten und Bürotürme aus Beton stehen Seite an Seite.

Durch die fehlende Struktur entstanden im Zentrum diverse Kerne – und genau das macht das Ganze so reizvoll. Die Gegend um das Manneken Pis herum, der Große Markt und die Sint-Hubertusgalerijen (Galeries Royales Saint-Hubert) sind ziemlich überlaufen, die vielen Restaurants in der bekannten Beenhouwersstraat (Rue des Bouchers) ebenso. Ganz anders geht es jenseits der Anspachlaan (Boulevard Anspach), am und um den Sint-Katelijneplein (Place Saint-Catherine) und im Vlaamsesteenweg (Rue de Flandre) zu. Da kann man das pulsierende Brüssel zusammen mit den Einheimischen genießen.

Wer herausfinden will, warum die Brüsseler ihr Zentrum so lieben, hat einige Optionen: zu Mittag essen im Gay-Viertel am Kolenmarkt (Rue du Marché au Chabron), im Modeviertel um den Nieuwe Graanmarkt (Place du Nouveau Marché aux Grains) shoppen, einen Apéro ("half-en-halfke", Hälfte Weißwein, Hälfte Champagner) am Sint-Goriksplein (Place Saint-Géry) trinken, ein schönes Abendessen am Baksteenkaai (Quai aux Briques oder "Fischmarkt") genießen oder sich ein *pintje* (Pils) in einer Kneipe am Vlaamsesteenweg (Rue de Flandre) genehmigen.

6 Insider-Tipps

Großer Markt

Ein Muss: sich unter die Touristen auf dem Platz mischen.

Parking 58

Kostenlos die atemberaubende Aussicht genießen.

Marcel

Ein echtes Brüsseler *marcelleke* erstehen.

La Mer du Nord

Mit den Einheimischen *garnalenkroketjes* mit Weißwein schlemmen.

Nüetnigenough

Brüsseler Küche und Biere probieren.

Marionettentheater Toone

Von Marionetten den Brüsseler Dialekt lernen.

● Sehenswürdigkeiten   ● Essen & Trinken

● Shoppen   ● 100% there

Sehenswürdigkeiten

(9) Das **Manneken Pis** soll zu den acht enttäuschendsten nationalen Attraktionen der Welt gehören. Das mag an seiner Größe liegen, nicht aber an seiner Symbolkraft. Um seine Entstehung ranken sich zahllose Geschichten, über die Bedeutung ist man sich einig: Er steht für die unabhängige, unbekümmerte Art der Brüsseler. Eine der nettesten Legenden besagt, dass das Manneken Pis einen feindlichen Sprengsatz entschärft haben soll, indem er auf die Zündschnur pinkelte.
ecke stoofstraat und eikstraat, u-bahn: beurs

(11) Wer den **Großen Markt** nicht gesehen hat, kennt Brüssel nicht wirklich. Stürzen Sie sich einfach in die Touristenströme und besuchen Sie das Broodhuis (Maison du Roi) und das Brauereimuseum. Auch das Rathaus mit seinem asymmetrischen Grundriss und der Einrichtung im Stil Ludwigs XIV. ist sehr sehenswert. Tagsüber können Sie über den Blumenmarkt schlendern und mit etwas Glück abends eine Lichtshow sehen. Berühren Sie den rechten Arm des liegenden Everhard 't Serclaes, und Ihre Wünsche gehen in Erfüllung. Und gönnen Sie sich danach einen – nicht gerade preiswerten – Drink in einer der vielen Kneipen.
grote markt, u-bahn: beurs oder centraal station

(13) Die **Sint-Hubertusgalerijen** (Galeries Royales Saint-Hubert) gehörten zu den ersten überdachten Einkaufsstraßen Europas. Die Grundsteinlegung dieser beeindruckenden Passage wurde 1846 vom damaligen König Leopold I. vollzogen. Heute findet man hier noch immer schicke Boutiquen, Restaurants, Cafés, Buchhandlungen und sogar ein Kino.
grasmarkt, geöffnet: täglich, öffnungszeiten wechselnd, u-bahn: centraal station

(17) Der Name des **Martelaarsplein** (Place des Martyrs) geht zurück auf die Aufständischen, die hier beerdigt wurden. Sie fielen 1830 während des belgischen Unabhängigkeitskampfes gegen die Niederlande. Heute ist der Platz das Zentrum der flämischen Regionalregierung, einer der sechs Regierungen des Landes.
martelaarsplein, u-bahn: de brouckère

⑨ MANNEKEN PIS

(18) Die kleine und elegante **Finisterraekirche** steht inmitten einer belebten Einkaufsstraße. Sie stammt größtenteils aus dem 18. Jahrhundert, und die dunkle Barockeinrichtung ist einfach grandios. Kostenlose Orgelkonzerte, "Lunchtime orgel", gibt es immer montags zwischen 12.45 und 13.30 Uhr.
nieuwstraat, telefon: 02 2175252, geöffnet: mo-sa 8.00-17.45, so 8.00-12.00, eintritt: frei, u-bahn: de brouckère oder rogier

(19) **Parking 58** wurde zur Expo 1958 errichtet und wirkt auf den ersten Blick wie ein normales Parkhaus. Das Besondere jedoch ist seine Höhe: Es hat nicht weniger als zehn Stockwerke. Ein Aufzug bringt Sie auf das Dach, von dem aus Sie eine atemberaubende Aussicht über die ganze Innenstadt haben.
bisschopstraat 1, geöffnet: mo-do 7.00-1.00, fr-sa 7.00-2.00, so 10.00-1.00, eintritt: frei, u-bahn: de brouckère

(27) Das **Bellonehuis** (Maison de la Bellone) ist eine etwas versteckte Perle. Um das Haus mit einer der schönsten spätbarocken Fassaden der Stadt zu Gesicht zu bekommen, muss man erst einen langen, dunklen Gang durch-queren. Wer will, kann dort eine Theatervorstellung besuchen.
vlaamsesteenweg 46, www.bellone.be, telefon: 02 5133333, geöffnet: mo-fr 10.00-18.00, u-bahn: sint-katelijne

Essen & Trinken

(1) Bereits in den 1920er-Jahren war **Au Suisse** die beste Adresse für Sandwiches, und das ist auch heute noch so. Die Baguettes sind knusprig, die Salate frisch und die Brote reichlich belegt. Preiswert sind sie allerdings nicht. Wer aber einmal ein echtes *martino* oder ein Brötchen mit Krabben und Tomaten probiert hat, der wird an den Preis keinen Gedanken mehr verschwenden.
anspachlaan 73-75, www.ausuisse.be, telefon: 02 5129589, geöffnet: mo-fr 7.30-18.00, sa 10.00-19.00, preis: frühstück 6,50 €, sandwich 4 €, u-bahn: beurs

(4) Auf der Terrasse oder am großen Fenster des Retro-Lokals **Les Gens que J'aime** kann man ungeniert Menschen beobachten – und dabei etwas essen. Auf der Speisekarte, die wie ein Plattencover aussieht, stehen außer klassischen Brasserie-Gerichten auch Salate und Quiches. An Wochenenden finden hier regelmäßig Konzerte statt.
zuidstraat 15, telefon: 02 479209250, geöffnet: di-so 12.00-0.00, preis: 11 €, u-bahn: beurs

(6) Der **Kolenmarkt** (Rue du Marché au Charbon) ist das Herz des Brüsseler Gay-Viertels. Hier kann man ausgiebig shoppen, Kaffee trinken und brunchen. Schönwetter-Tipp: die Straßencafés **Fontainas**, **Au Soleil** und **Chez Rachel**.
kolenmarkt, u-bahn: anneessens

(7) Sommerküche, meist mit italienischem oder asiatischem Touch sowie eine schräge Vintage-Einrichtung – so lässt sich das **Kika** zusammenfassen. Der Empfang ist herzlich, die Portionen sind üppig und die Preise moderat.
anspachlaan 177, www.kaki-kika.be/kika, telefon: 02 5133832, geöffnet: mo-sa 19.00-23.00, preis: 14 €, u-bahn: anneessens

(10) Hinter einem großen, filigranen Holzfenster im Art-nouveau-Stil verbirgt sich in der Lombardstraat das **Nüetnigenough**, ein charmantes Restaurant mit Brüsseler Küche. Keinen Appetit? Kein Problem. Hier ist man auch willkommen, wenn man nur eines der 40 belgischen Biere probieren möchte.
lombardstraat 25, www.nuetnigenough.be, telefon: 02 5137884, geöffnet: mo-fr 17.00-0.00, sa-so 12.00-0.00, preis: 15 €, u-bahn: beurs

FONTAINAS AM KOLENMARKT (6)

⑭ Das **A la Mort Subite** ist eine traditionelle Brüsseler Schankstube, in der sich seit Anfang des letzten Jahrhunderts nicht viel verändert hat: lange Tische, große Spiegel, viel Licht und eine beachtliche Bierauswahl. Kein Wunder, dass die Brasserie unter Denkmalschutz gestellt wurde. *warmoesberg 7, www.alamortsubite.com, telefon: 02 5131318, geöffnet: mo-sa 11.00-1.00, so 11.00-0.00, preis: bier 3 €, u-bahn: de brouckère*

(15) Das Lokal **A l'Imaige Nostre-Dame** liegt am Ende eines Durchgangs, den man am Geschenken (Impasse des Cadeaux) betritt. In der dunklen Kneipe mit den knarrenden Holzbänken fühlt man sich sofort in die Zeiten zurückversetzt, als hier André Franquin seinen berühmten Comic-Helden Gaston erfand, den faulen Bürogehilfen und Möchtegern-Erfinder.
grasmarkt 8, telefon: 02 2194249, geöffnet: mo-do 12.00-0.00, fr-sa 12.00-1.00, so 15.00-0.00, preis: getränk 2 €, u-bahn: de brouckère oder beurs

(20) Bei **Toukoul** wird das Essen auf einem äthiopischen *injèra* serviert, einem Hirsepfannkuchen, der zugleich als Teller und Besteck dient. Außerdem isst man mit den anderen Gästen aus einer Schüssel. Und wer es ganz richtig machen will, "füttert" seine Begleitung mit dem ersten Bissen (*gourcha*).
lakensestraat 34, www.toukoul.be, telefon: 02 2237377, geöffnet: di-fr & so 12.00-15.30 & 18.00-23.30, sa 18.00-23.30, preis: 16 €, u-bahn: sint-katelijne

(21) Der Name **Bar Bik** lässt sich leicht erklären: Bar, weil man hier etwas trinken kann, Bik, als Abkürzung für "Brussels International Kitchen". Außerdem ist *bikken* ein niederländisches Synonym für *eten* (essen). Die Bedienung spricht flämisch, das Essen – von Schweinebacken bis Vitello Tonato – ist herrlich und die Preise sind fair.
arduinkaai 3, telefon: 02 2197500, geöffnet: mo-fr 12.00-14.30 & 18.00-22.00, preis: 18 €, u-bahn: ijzer

(23) Bei **Comus & Gasterea** gibt es hausgemachtes Eis mit den Zutaten der Saison: Mandel, Karamell, grüner Apfel und Spekulatius. Daneben werden auch gewagtere Geschmacksrichtungen wie Aubergine, Essig, Fenchel und Sardelle angeboten.
baksteenkaai 86, www.comusgasterea.com, telefon: 02 2234366, geöffnet: di-fr 11.00-18.00, sa 9.00-11.00, so-mo 14.00-18.00, preis: kugel eis 1,50 €, u-bahn: sint-katelijne

(24) Ihren inoffiziellen Namen **Vismarkt** (Marché aux Poissons) hat die Straße Baksteenkaai (Quai aux Briques) den vielen guten Fischrestaurants zu verdanken, wie zum Beispiel dem authentischen Bij den Boer und De Vismet. Wer lieber Pizza isst, der wird im stilvollen Fornostar glücklich.
baksteenkaai/brandhoutkaai, u-bahn: sint-katelijne

㉕ Um die Mittagszeit zeigt sich hier immer das gleiche Bild: Bei der Fischbar **La Mer du Nord** (De Noordzee) drängen sich die Hungrigen und genießen *garnalenkroketjes*, *kibbeling* (frittiertes Fischfilet) oder eine andere Meeresdelikatesse mit einem Glas Weißwein dazu. Eine gleichwertige, aber ruhigere Alternative gibt es gleich gegenüber: den spanischen Fischhandel ABC. Tipp: frische Gambas mit einem Glas Cava.

sint-katelijneplein, www.poissonneriemerdunord.be, telefon: 02 5131192, geöffnet: di-do 11.00-17.00, fr-sa 11.00-18.00, so 11.00-20.00, preis: 7 €, u-bahn: sint-katelijne

㉖ Liebhabern von Hausmannskost ist das **Viva M'Boma** ("Lang lebe Oma") zu empfehlen. Neben *ballekes* (Hackbällchen) in Tomatensoße und Schmorfleisch serviert Oma auch gerne gebratene Nierchen, *zwezeriken* (Kalbsbries) oder *hanenkammen* (Pfifferlinge).

vlaamsesteenweg 17, telefon: 02 5121593, geöffnet: mo-di & do-sa 12.00-14.30 & 19.00-22.30, preis: 17 €, u-bahn: sint-katelijne

㉚ Frédéric Nicolay ist ein Phänomen in Brüssel. Alles, was dieser Gastronom anfasst, wird ein Erfolg. Auch hier in der **Antoine Dansaertstraat**, einer Straße, deren Entwicklung er maßgeblich mit beeinflusst hat. Statt nüchterner, unpersönlicher Designlokale findet man viele schöne, gemütliche Cafés mit einem Retro-Touch wie zum Beispiel Café Walvis, Bistro du Canal und auch Bar Beton.

antoine dansaertstraat, zwischen dem kanal und der papenvest, u-bahn: graaf van vlaanderen

㉟ Manchmal muss man erst klingeln, wenn man ins **L'Archiduc** will. Dieses Wohnzimmer-Café im Art-déco-Stil ist bekannt für die Vielfältigkeit seiner Gäste, für die guten Cocktails und den Live-Jazz am Piano (am Wochenende). Nicht zuletzt wegen der späten Sperrstunde ist es sehr beliebt.

antoine dansaertstraat 6, www.archiduc.net, telefon: 02 5120652, geöffnet: täglich 16.00-5.00, preis: bier ab 2,80 €, glas wein ab 3,60 €, eintritt: frei, konzerte ab 7,50 €, u-bahn: beurs

VIVA M'BOMA ㉖

Shoppen

(2) Schlägt auch Ihr Herz schneller, wenn Sie Markennamen wie Skunkfunk, Vice, Nixon oder Paul Frank hören? Dann ist **Mr Ego** die richtige Adresse. Denn hier finden Sie ausgewählte Streetwear für Männer und Frauen. An Samstagen begleitet ein DJ musikalisch die Suche nach dem perfekten Outfit.
steenstraat 29, www.mr-ego.be, telefon: 02 5024787, geöffnet: mo-di & do 11.00-18.30, mi & fr-sa 11.00-19.00, u-bahn: beurs

(3) Das Konzept der belgischen Schuhmarke Noë ist so einfach wie genial: Jedes Pumps-Modell ist mit Absätzen in verschiedenen Höhen und in über 60 Farben erhältlich. Bei **Noë by Ketch'Up** findet man auch den passenden Nagellack sowie Retro-Kleidchen.
steenstraat 22, www.facebook.com/noebyketchup, telefon: 02 5144131, geöffnet: di-sa 11.00-18.30, u-bahn: beurs

(5) Seit über 15 Jahren ist **Privejoke** eine feste Größe in Brüssel. In dem stilvoll eingerichteten Eckhaus können sich Männer wie Frauen mit Casual- und Urban-Mode und passenden Accessoires von Marken wie Bash und Filippa K einkleiden.
kolenmarkt 76-78, www.privejoke.com, telefon: 02 5026367, geöffnet: mo-sa 10.30-19.00, so 14.00-19.00, u-bahn: beurs

(8) Lang, lang ist es her, dass Brüssel das Mekka der Musiksammler war und die Stadt vor Plattenläden nur so strotzte. Nur wenige konnten sich behaupten – **Veals & Geeks** gehört dazu. Hier hat man sich der Tradition verschrieben: Liebhaber können neben CDs auch Schallplatten und sogar Vintage-Videospiele erstehen.
lievevrouwbroersstraat 8a, www.vealsandgeeks.com, telefon: 02 5114014, geöffnet: täglich 11.00-20.00, u-bahn: anneessens

LA FABRIKA (32)

(29) Ursprünglich hatte die belgische Marke Le fabuleux **Marcel** de Bruxelles nur *marcellekes* (ärmellose Hemdchen) im Sortiment. Heute findet man in der Boutique Marcel auch andere nostalgische Kleidung für Sie, Ihn und die Kids. *varkensmarkt 8, www.fabuleuxmarcel.com, telefon: 02 2010361, geöffnet: mo-sa 11.00-18.00, u-bahn: sint-katelijne*

(31) Aurore und Agnès bieten ihre Kreationen in der eigenen Galerie **Joya** an, in der sie auch anderen jungen Schmuckdesignern die Möglichkeit bieten, ihre Werke auszustellen und zu verkaufen. Wer hochwertigen und originellen Schmuck zu einem moderaten Preis sucht, ist hier genau richtig. *antoine dansaertstraat 175, www.joyabrussels.net, telefon: 02 2031814, geöffnet: di-sa 11.00-18.00, u-bahn: graaf van vlaanderen*

(32) Klingeln Sie kurz, wenn Sie bei **La Fabrika** einen Blick auf eine feine Auswahl an Möbeln, Leuchten und Accessoires werfen wollen. Neben stilvollen Klassikern renommierter Designer findet man auch aktuelle Entwürfe junger Talente. Die Inhaberin, eine Innenarchitektin mit gutem Geschmack, verkauft nur Stücke, die ihr selbst gefallen. *antoine dansaertstraat 182, www.lafabrika.be, telefon: 02 5023325, geöffnet: mo-sa 11.00-18.30, u-bahn: graaf van vlaanderen*

(33) Für Fashionistas sind die **Léon Lepagestraat** und der **Nieuwe Graanmarkt** (Place du Nouveau Marché aux Grains) ein wahres Eldorado: Haleluja, Mapp, Martin Margiela und, und, und. *léon lepagestraat/nieuwe graanmarkt, www.madbrussels.be, u-bahn: sint-katelijne*

(34) **Passa Porta** ist zweifellos die beste mehrsprachige Buchhandlung der Stadt mit einem großen Sortiment an französisch-, englisch- und niederländisch-sprachiger Literatur. Hier finden auch regelmäßig Lesungen, Signierstunden und Schreibworkshops statt (siehe Website). Gut zu wissen: Am Lesetisch steht immer eine Kanne mit frischem Kaffee bereit – kostenlos. *antoine dansaertstraat 46, www.passaporta.be, telefon: 02 5029460, geöffnet: mo 12.00-19.00, di-sa 11.00-19.00, so 12.00-18.00, u-bahn: beurs*

ring the bell

33

STOCKMAN
CAMPING
MARCEL
STOCKMAN
L'original
Fabuleux
MARCEL
de Bruxelles

29

3

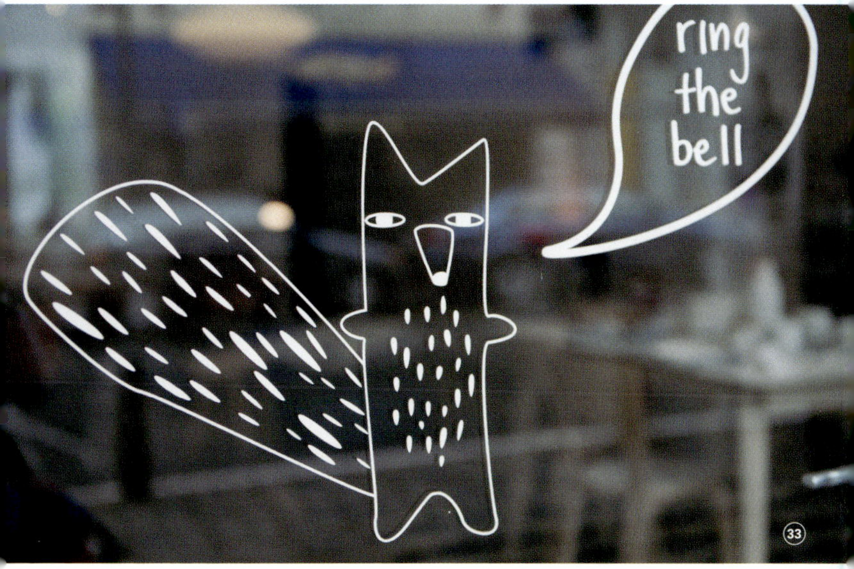

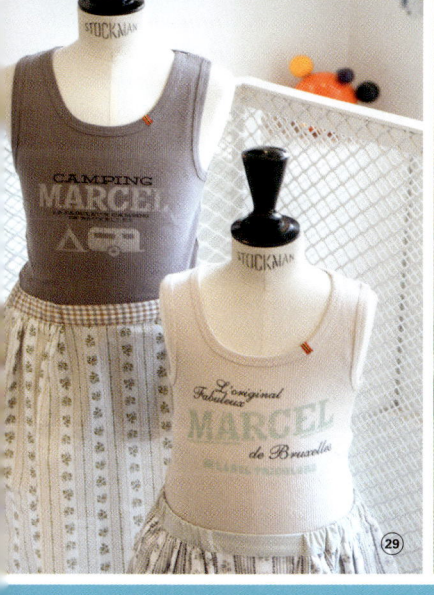

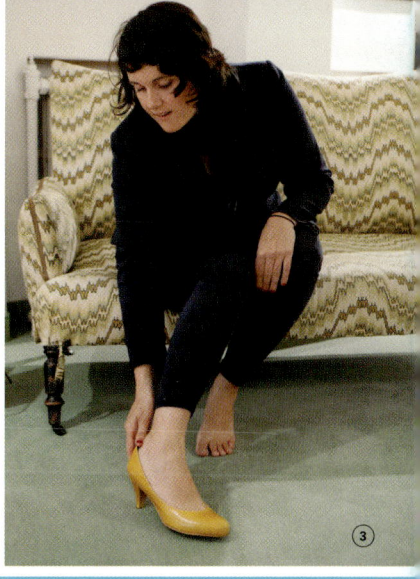

100% there

(12) Bereits in der sechsten Generation werden im **Marionettentheater Toone** Vorstellungen gegeben, die meistens auf berühmten Bühnenstücken wie *Cyrano de Bergerac* und *Hamlet* basieren. Eine Besonderheit sind die Vorstellungen im Brüsseler Dialekt (eine Mischung aus Flämisch und Französisch). *grasmarkt 66, www.toone.be, telefon: 02 5117137, geöffnet: di-so 12.00-0.00, jan. geschlossen, eintritt: 10 €, u-bahn: de brouckère*

(16) Das renommierte Brüsseler Opernhaus **De Munt** (La Monnaie) steht an dem Ort, an dem 1830 die französischsprachige Gemeinschaft nach der Aufführung der Oper *Die Stumme von Portici* gegen die niederländische Herrschaft aufbegehrte. Was folgte, war die Teilung der Niederlande und die Gründung Belgiens. Auch heute noch ist dieses Opernhaus fest in Händen der Gutsituierten. Dennoch gibt es Plätze, die nicht ganz so teuer sind. Allerdings sollte man bei diesen damit rechnen, dass eine freie Sicht auf die Bühne von einer Säule oder Brüstung verstellt sein kann. *muntplein, www.demunt.be, telefon: 02 2291200, geöffnet: kartenverkauf di-sa 11.00-18.00, preis: oper 10-115 €, konzert 10-37 €, u-bahn: de brouckère*

(22) An den Wochenenden findet der sogenannte **MicroMarkt** (MicroMarché) statt. Auf diesem überdachten Markt in einer alten Lagerhalle bieten junge, einheimische Designer ihre Werke an: Schmuck, Mode, Poster etc. Außerdem werden hier Konzerte, Ausstellungen und Workshops veranstaltet. Wer anschließend etwas zur Stärkung braucht, geht ins Café **ViaVia**. Für wenig Geld tischt man köstliche Gerichte aus verschiedensten Ländern auf. *steenkoolkaai 9, www.micromarche.be, telefon: 0487 319595, geöffnet: markt sa-so 14.00-19.00, café di-so 11.00-23.00 (küche 12.00-22.00), preis: 10 €, u-bahn: sint-katelijne*

(28) Aline von **Pimpinelle** ist ein Foodie und hält für Gleichgesinnte viele hochwertige Kochutensilien, Lebensmittel und Zeitschriften bereit. Im hinteren Teil des Ladens gibt es einen Verkostungssalon – falls Sie sofort Hunger verspüren – und einen Workshopraum, in dem man selbst den Kochlöffel schwingen kann. *vlaamsesteenweg 57, www.pimpinelle.be, telefon: 02 5135777, geöffnet: mo 12.00-18.30, di-sa 11.00-18.30, u-bahn: sint-katelijne*

MICROMARKT (22)

(36) Bis ins 18. Jahrhundert war die **Kartuizerstraat** (Rue des Chartreux) ganz in den Händen von Nonnen, heute befinden sich hier zahllose Läden, Cafés und Restaurants. Liebhaber von Geschirr im Retrostil, alten Postkarten und Schmuck aus den Siebzigern werden zum Beispiel fündig bei Lucien Cravate (Hausnr. 24). Design in Hülle und Fülle gibt es bei Hunting and Collecting (Nr. 17), *stoemp* essen kann man bei 9 et voisins (an der Ecke). Oder erkunden Sie die Gegend zwischen der Kartell-Filiale und dem Bloemenhofplein (Place du Jardin aux Fleurs) einfach auf eigene Faust.

kartuizerstraat, u-bahn: beurs

Zentrum & Sint-Katelijne (Sainte-Catherine)

Nach der Börse an der Anspachlaan erst ein Brötchen besorgen (1) und dann zum Shoppen (2) (3) links in die Steenstraat einbiegen. Bei Les Gens que j'aime (4) rechts gehen und am Kolenmarkt wieder rechts Richtung Privejoke (5) oder um etwas zu trinken (6). Am Ende der Straße rechts abbiegen, um einen Tisch zu reservieren (7). Dann zurück zum Kolenmarkt. Musikfans biegen links in die Lieve-vrouwbroerstraat ein (8). Etwas weiter wartet Manneken Pis (9). Danach zwei Mal links abbiegen, um belgische Küche zu probieren (10). Rechts Richtung Großen Markt (11) gehen, den Platz überqueren und nach der Haringstraat rechts abbiegen, um ein Marionettentheater (12) oder links die Sint- Hubertusgalerijen (13) zu besuchen. Die Passage durchqueren und kurz eine Pause einlegen (14). Dann links hinunter zur Greepstraat gehen, erst links, dann rechts abbiegen, um ein nostalgisches Café zu besuchen (15). Danach rechts in die Kleerkopersstraat abbiegen, geradeaus an De Munt (16) vorbei und die Nieuwstraat durchqueren. Danach rechts in die Rue Saint-Michel Richtung Martelaarsplein (17) einbiegen. Dann zwei Mal links gehen, um die Kirche (18) zu bewundern. Dann wieder links abbiegen und der breiten Adolphe Maxlaan bis zur U-Bahn-Station De Brouckère folgen, wegen der schönen Aussicht (19). Dann rechts in die Lakensestraat, um Äthiopisch zu essen (20). Ein paar Schritte zurückgehen und rechts in den Begijnhof einbiegen. Die Kirche um-runden, durch die Fermerijstraat gehen und am Ende rechts abbiegen. Links in die Lakensestraat einbiegen, um etwas zu essen (21). Diese Straße durchqueren und zu den ehemaligen Grachten gehen. Dann beim MicroMarkt (22) vorbeischauen, ein Eis essen (23) oder einen Tisch reservieren (24). Links an der Kirche Sint-Katelijne-kerk vorbei in die Zwarte Lievevrouwstraat einbiegen. Dann zwei Mal rechts gehen, um über die Sint-Katelijnestraat in die Vlaamsesteenweg zu gelangen. Hier gibt es Fisch (25), Brötchen (26), eine Vorstellung (27) und Kochutensilien (28). Rechts abbiegen, um bei Marcel (29) vorbeizuschauen und dann wieder der Vlaamsesteenweg folgen. Beim Kanal links abbiegen und gleich wieder links in die Dansaertstraat (30) (31) (32) abbiegen. Modefans gehen links in die Léon Lepagestraat und zum Nieuwe Graanmarkt (33). Etwas weiter warten Bücher (34) und ein Café (35). Danach rechts in die Kartuizerstraat abbiegen (36) und am Ende gleich links zum Sint-Goriksplein, dem Endpunkt.

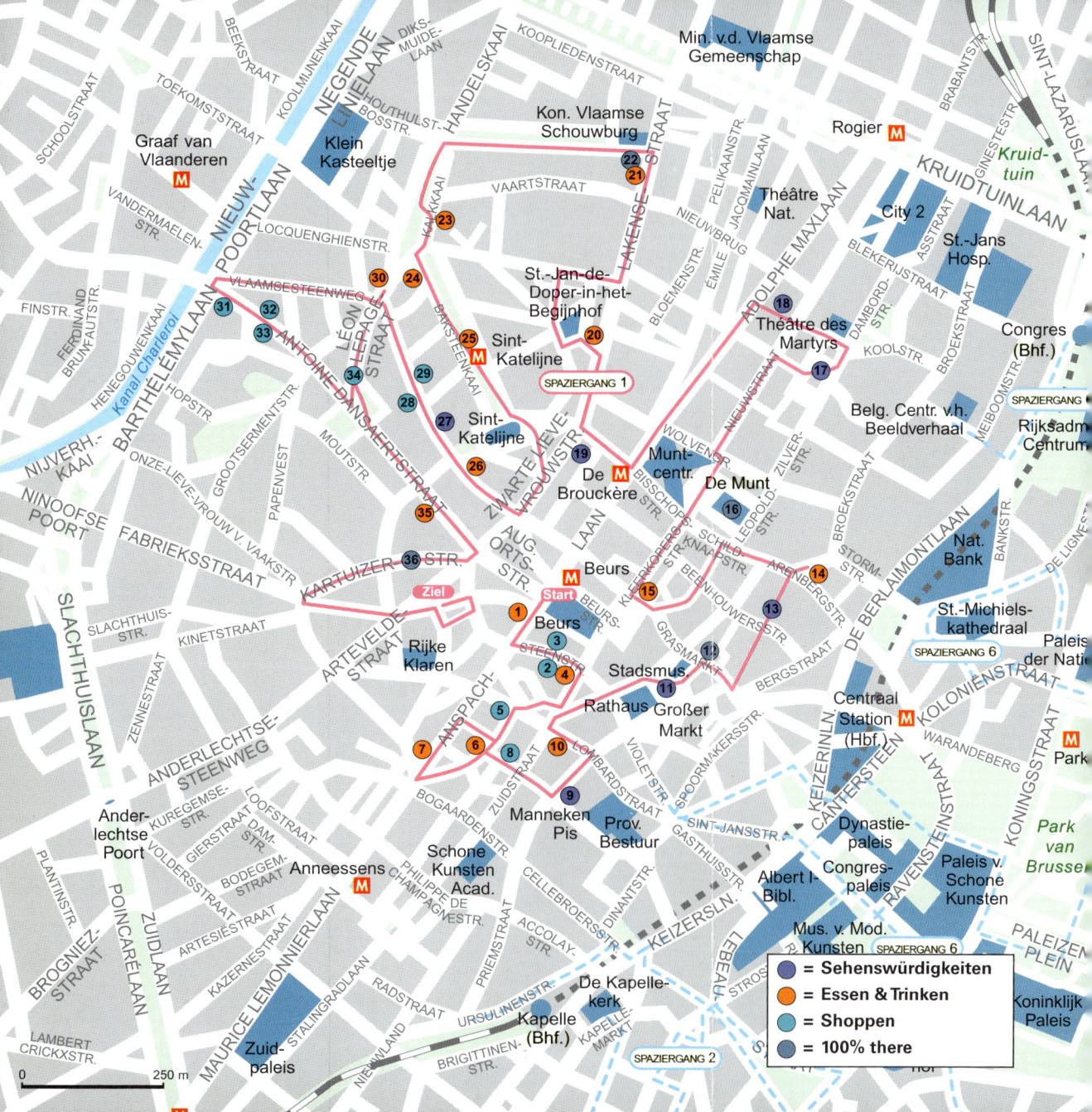

Zavel & Marollen (Sablon & Marolles)

Antikes, Aristokratie und Atmosphäre

"Der Schwan und das hässliche Entlein" – so könnte man das schicke Sablon-Viertel und das benachbarte, etwas alternativ wirkende Viertel Marollen umschreiben. Was beide eint, ist die Liebe für Antikes (mit dem Unterschied, dass die Geschäfte im erstgenannten Viertel etwas schicker sind). Ansonsten sind sie nach wie vor so unterschiedlich wie im 17. Jahrhundert, als in Sablon die Adligen und gut betuchten Bürger wohnten, während die Marollen den Arbeitern, Armen und Migranten vorbehalten waren. Auch heute noch existiert dieser Unterschied, wenn auch nicht mehr in dem Ausmaß wie früher.

Der Name Sablon (niederländisch: Zavel) bedeutet "lehmhaltige Erde" und verweist auf den Rohstoff, der hier früher den Sümpfen entzogen wurde. Heute findet man viele schicke Antiquitätenläden, Galerien für zeitgenössische Kunst, Luxusrestaurants und berühmte Chocolatiers. Am zentralen De Grote Zavel (Place du Grand Sablon) trifft sich der Jetset bei Austern und Wein.

2

Die Marollen sind zwar auch heute noch kein Vorzeigeviertel, die "Sablonisierung", also die wirtschaftliche und soziale Aufwertung, ist im ältesten Arbeiterviertel der Stadt jedoch unverkennbar. Es vergeht keine Woche, in der nicht irgendwo ein Café oder Geschäft seine Türen öffnet. Die Mieten steigen und zwingen viele waschechte Maroller dazu, wegzuziehen. Noch ist die Gegend mit dem täglichen Flohmarkt am Vossenplein (Place du Jeu de balle) eine bunte Mischung von Jung und Alt, Einheimischen und Touristen. Vielleicht ist dies der Grund dafür, dass die Marollen die gemütlichste Gegend der Stadt sind.

Jedes der beiden Viertel hat seinen ganz eigenen Charakter, aber beide sind einen Besuch wert. Was sie verbindet, ist ihre gemeinsame Geschichte und, wie es scheint, eine gemeinsame Zukunft.
Dieser Spaziergang durch die Welt der Boheme und Bourgeoisie führt Sie durch enge Gassen, an alten Kirchen und versteckten Parks vorbei. Er bringt Ihnen die Brüsseler Küche, aber auch exotische Spezialitäten näher und bietet eine atemberaubende Aussicht.

6 Insider-Tipps

Pierre Marcolini

Über 30 verschiedene Pralinen und Macarons bestaunen.

Onze-Lieve-Vrouw-ter-Zavelkerk

Die wundertätige Madonnenfigur besuchen.

Restobières

Ein echtes Biergericht probieren.

Vossenplein

Sachen kaufen, von denen man nicht wusste, dass man sie braucht.

Charlotte

Aus 20 unterschiedlichen Frikadellen wählen.

Elvis Pompilio

Im Atelier des Meisters Hüte anprobieren.

- ● Sehenswürdigkeiten
- ● Shoppen
- ● Essen & Trinken
- ● 100% there

Sehenswürdigkeiten

(1) Die teils gotische, teils romanische **Kapellekerk** (Église de la Chapelle) wurde 1134 errichtet und war die Kirche der armen Maroller. In dieser Kirche fand auch die Trauung des berühmtesten Sohnes des Viertels statt, des Malers Pieter Bruegel d. Ä. Neben einem Gedächtnisstein zu seinen Ehren sind auch die schöne Glasmalerei und eine Skulptur von Constantin Meunier sehenswert.
kapellemarkt, telefon: 02 5120737, geöffnet: täglich juni-sept. 9.00-19.00, okt.-mai 12.30-16.30, eintritt: frei, bus: 48, 27 & 95

(20) Brüssel erstreckt sich über zwei Hügel und das dazwischenliegende Tal, das Tal der Senne. Der Höhenunterschied zwischen dem Zentrum und dem Europaviertel beträgt fast 100 Meter, was vor allem am **Poelaertplein** (Place Poelaert) am deutlichsten sichtbar ist. Nehmen Sie sich die Zeit, die Aussicht zu genießen und besichtigen Sie das Atomium, das Rathaus und die Basilika am Koekelberg.
poelaertplein, straßenbahn: 92 & 94, u-bahn: louiza

(21) Der **Justizpalast** war ein größenwahnsinniges Projekt des damaligen Königs Leopold II. Der Bau Ende des 19. Jahrhunderts war äußerst umstritten, da hierfür die damaligen Bürger größtenteils enteignet und ihre Häuser abgerissen werden mussten. Kein Wunder, dass die Einwohner den Baumeister Joseph Poelaert damals unflätig den "skieven architect", den schiefen Architekten, nannten. Nicht verpassen: die imposante, 3600 Quadratmeter große Eingangshalle.
poelaertplein, telefon: 02 5086111, geöffnet: mo-fr 8.00-17.00, eintritt: frei, straßenbahn: 92 & 94, u-bahn: louiza

(22) Der **Egmontpark** (Parc d'Egmont) liegt zwar etwas versteckt, hat aber vier Eingänge, die leicht zu finden sind. Mit Blick auf den stattlichen **Egmontpaleis** (Palais d'Egmont) aus dem 16. Jahrhundert ist der Park ein wunderbarer Ort, um sich zu entspannen, zum Beispiel auf der Terrasse der **Orangerie** (nur tagsüber geöffnet).
wolstraat, telefon: 02 5138940, geöffnet: park täglich von sonnenaufgang bis sonnenuntergang, eintritt: frei, straßenbahn: 92 & 94, u-bahn: louiza

㉕ Die **Sint-Jan** en **Stefaan ter Miniemenkerk** (Saints-Jean-et-Etienne aux Minimes) ist eine schöne Kirche aus der Zeit des Übergangs von Spätbarock zu Neoklassizismus. Sie beherbergt die älteste Orgel der Stadt (von 1681) und ist im Sommer für ihre herrlichen Klassikkonzerte im Rahmen des Festivals Midis/Minimes bekannt.

minimenstraat 62, www.midis-minimes.be, telefon: 02 5123079, geöffnet: täglich 10.00-13.00, eintritt: frei, bus: 48 & 27

㉘ Der **Kleine Zavel** (Place du Petit Sablon) ist ein kleiner, im Jahr 1890 eröffneter Park, der von einem Art-nouveau-Zaun mit 48 Bronzeskulpturen umgeben ist. Diese symbolisieren die Brüsseler Zünfte, von den Messerschmieden bis zu den Teppichwebern. Außerdem befinden sich in der Mitte zwei lebensgroße Statuen der Grafen von Egmont und Horn kurz vor ihrer Enthauptung. Sie stehen für den Kampf gegen die spanische Herrschaft und werden von zehn bedeutenden Figuren aus dem 16. Jahrhundert begleitet, zum Beispiel von Wilhelm I. von Oranien-Nassau.

kleine zavel, eintritt: frei, straßenbahn: 92 & 94

㉙ Die **Onze-Lieve-Vrouw-ter-Zavelkerk** (Église Notre-Dame du Sablon) ist eine gotische Kirche aus dem 15. Jahrhundert mit einem schönen Innenraum. Die Kirche verdankt ihren Ruhm der wundertätigen Madonnenfigur, die – so besagt es die Legende – im Auftrag der Jungfrau Maria aus Antwerpen entwendet wurde. Der Bau und die Figur sind der Ausgangspunkt der sogenannten Ommegang, einer historischen Prozession durch Brüssel.

regentschapsstraat, telefon: 02 5115741, geöffnet: mo-fr 9.00-16.00, sa-so 10.00-18.00, eintritt: frei, straßenbahn: 92 & 94

㉞ Wie der Zwarte Toren (Toure Noire) hinter der Kirche St.-Katelijne (Sainte-Catherine) im Zentrum war auch der **Hoektoren** (Tour d'Angle) oder **Anneessenstoren** (Tour Anneessens) ein Bestandteil der ersten Stadtbefestigung aus dem 12. Jahrhundert. Dieser denkmalgeschützte Eckturm wird auch "pijntoren" genannt, da er lange Zeit als Gefängnis diente. Heute wirkt er, eingequetscht zwischen einem hässlichen Bürohaus und einer Bowlinghalle, etwas verloren.

keizerslaan, bus: 48, 27 & 95

Essen & Trinken

② Zu einem köstlichen Stück Maracujakuchen trinkt man im **Aksum Coffee House** frisch gebrühten Kaffee aus Äthiopien, Kräutertee aus Senegal oder Wein aus Südafrika. Auch das ausgestellte Kunsthandwerk im hinteren Teil des Cafés ist afrikanischer Herkunft.

hoogstraat 140, www.aksumcoffeehouse.com, telefon: 0484 077695, geöffnet: fr 16.00-20.00, sa-so 10.00-20.00, preis: kaffee 3 €, bus: 48 & 27, u-bahn: louiza

③ Im **Easy Tempo** stehen im Nu die bestellten Antipasti, Nudeln oder Pizzen auf dem Tisch. Die besonders schöne Art-nouveau-Einrichtung von 1905 stammt noch aus dem Vorgängerladen, die Wandfliesen sind denkmalgeschützt.

hoogstraat 146, telefon: 02 5135440, geöffnet: di-sa 12.00-14.30 & 18.30-22.30, so 12.00-14.30, preis: 14 €, bus: 48 & 27, u-bahn: louiza

④ Die **Brasserie Ploegmans** ist ein typisches Brüsseler Lokal in einem typischen Brüsseler Viertel. Die Einrichtung mit Holzstühlen, -tischen und -bänken sowie Spiegeln wirkt vielleicht etwas angestaubt, ist aber sehr charmant. Hier essen Einheimische gern Knoblauchschnecken oder Kalbs-ragout mit Pommes.

hoogstraat 148, www.ploegmans.be, telefon: 02 5032124, geöffnet: di-do 12.00-14.30 & 18.00-22.00, fr-sa 12.00-14.30 & 18.00-22.30, so 12.00-15.00, preis: 15 €, bus: 48 & 27, u-bahn: louiza

⑧ Brüssel ist nicht nur für Waffeln, Schokolade, Biere und Austern berühmt, sondern auch für seine Schnecken, die hier *escargots* genannt werden. Wer die Brüsseler Variante kennenlernen möchte, sollte sich bei einer echten **slakkenkraam** (Schneckenbude) wie Mariaatje in der Hoogstraat (Rue Haute) anstellen.

hoogstraat, nahe vossenstraat, geöffnet: sa-so, öffnungszeiten wechslend, preis: 2 €, bus: 48 & 27, u-bahn: louiza

AKSUM COFFEE HOUSE ②

⑧ **SLAKKENKRAAM (SCHNECKENBUDE)**

(9) Im **Restobières** kommt das Bier nicht nur ins Glas, sondern auch in den Topf. Schwere Kost, aber lecker. Der *stoemp* à la Hommelbier ist ein Klassiker. Der redselige Inhaber Alain bewegt sich geschickt durch das proppenvolle Lokal, das mit antiken Küchenutensilien dekoriert ist.
vossenstraat 9, www.restobieres.be, telefon: 02 5115583, geöffnet: mi-so 12.00-23.00, mo-di 12.00-15.00, preis: 20 €, bus: 48 & 27, u-bahn: louiza

(13) **La Clef d'Or** ist eine Brüsseler Kneipe wie sie im Buche steht. Nach einem Frikadellenbrötchen und einer Suppe kann man hier mit einem *pintje* (Pils) in der Hand Live-Akkordeonmusik lauschen. Ein Foto an der Wand beweist, dass der belgische Kronprinz Ihnen bereits zuvorgekommen ist ...
vossenplein 1, telefon: 02 5119762, geöffnet: di-so 5.00-17.00, preis: 8 €, bus: 48 & 27, u-bahn: louiza

(14) Das nette Ehepaar der Metzgerei **Charlotte** hat fast 20 verschiedene Frikadellen im Angebot – pur oder im Brötchen. An Sonntagen bereiten die zwei direkt vor der Tür ihre klassischen Würstchen, *boudins*, sowie Pansen zu. Unbedingt probieren!
vossenplein 9, telefon: 02 5133884, geöffnet: mo-di & do-so 7.00-16.00, preis: 3,50 €, bus: 48 & 27, u-bahn: louiza

(16) Das **Chaff** ist das Lokal der Maroller. Unter der Woche kann man hier herrlich ungestört Kaffee trinken oder zu Mittag essen. Jeden Donnerstagabend bringen die Bewohner aus der Nachbarschaft Spiele mit und an Wochenenden wird getanzt.
vossenplein 21, telefon: 02 5025848, geöffnet: di-sa 9.00-1.00, so 16.00-1.00, preis: 7,50 €, bus: 48 & 27, u-bahn: louiza

(17) Täglich ein neues Gericht mit frischen Zutaten vom Markt – so lautet das Credo der Senegalesin N'Diaye Naphie. In ihrem winzigen Restaurant **KërGi** sitzt man an der Bar, die den Herd umrundet, und plaudert während des Essens mit der Köchin.
blaesstraat 159, telefon: 02 5034844, geöffnet: di & do-so 19.00-23.00, preis: 9 €, bus: 48 & 27, u-bahn: louiza

⑬ **LA CLEF D'OR**

(19) In der Snackbar **Al Jannah** dürfen Sie keine zeitgemäße Einrichtung erwarten. Das Lokal besticht aber durch Gastfreundlichkeit, flotte Bedienung, moderate Preise und vorzügliche libanesische Mezze wie Falafel.
blaesstraat 59, telefon: 02 5140844, geöffnet: mo-di & do-so 11.30-22.00, mi 11.30-16.00, preis: 6 €, bus: 48 & 27, u-bahn: louiza

(23) Die exklusive Einrichtung der Wein- und Tapasbar **Pixel** wurde vom Inhaber, dem belgischen Designer Charles Kaisin, selbst entworfen. Er bestückte die Wände und Decken mit über 7500 Stoffquadraten, die zusammen eine gepixelte mediterrane Landschaft ergeben.
ernest allardstraat 39-41, www.pixelwinebar.be, telefon: 02 5022084, geöffnet: täglich 10.00-0.00, straßenbahn: 92 & 94

(24) Das Restaurant **L'Arrière Pays** hat womöglich die schönste Terrasse der Gegend. Sie befindet sich unter einem großen Baum an der Ecke einer ruhigen Straßenkreuzung, direkt neben einer Kirche. Die Küche kann als traditionell französisch bezeichnet werden, mit regionalen Gerichten wie *cassoulet* oder *tartare méridional.*
minimenstraat 60, www.arriere-pays.com, telefon: 02 5147707, geöffnet: di-so 12.00-23.00, mo 12.00-14.30, preis: 20 €, straßenbahn: 92 & 94

(26) Das charmante **Soul Restaurant** wird von zwei finnischen Schwestern geleitet, die Slow Food aus biologischen Zutaten servieren. Keine Brennnessel-suppe für überzeugte Ökos, sondern wohlschmeckende, gesunde Gerichte aus der Fusionsküche.
samaritanessestraat 20, www.soulresto.com, telefon: 02 5135213, geöffnet: mi-sa 19.00-22.00, so 19.00-21.00, straßenbahn: 92 & 94, bus: 48 & 27

(30) Das **L'Ecailler du Palais Royal** ist eine kulinarische Institution und bereits seit über vierzig Jahren das In-Lokal für klassische Fisch- und Meeresfrüchte-gerichte. Im Erdgeschoss wähnt man sich in einem englischen Pub, oben bestimmt eine Täfelung aus Mahagoniholz die Atmosphäre.
bodenbroekstraat 18, www.lecaillerdupalaisroyal.be, telefon: 02 5128751, geöffnet: mo-sa 12.00-14.30 & 19.00-22.30, preis: 50 €, straßenbahn: 92 & 94

Shoppen

(5) In der Boutique **S-en-Ciel** ist Massenware tabu. Es werden ausschließlich handgefertigte Lederprodukte höchster Qualität angeboten wie zum Beispiel Taschen, Hüte, Gürtel, Brieftaschen und Aktentaschen. Der betörende Duft ist inklusive.
hoogstraat 158, telefon: 02 5117746, geöffnet: di-fr 13.00-18.00, sa 10.30-18.00, so 10.30-15.00, bus: 48 & 27, u-bahn: louiza

(6) **Idiz Bogam** ist ein Retro-Paradies. Hier verkauft die exzentrische Inhaberin Jacqueline Ezman ihre eigene Modelinie, Retro-Sachen aus dem In- und Ausland, Kreationen belgischer Designer sowie Möbel, die sie selbst restauriert hat.
hoogstraat 180-182, www.myspace.com/idizbogam, telefon: 02 5121032, geöffnet: mo-sa 11.00-19.00, so 11.00-18.00, bus: 48 & 27, u-bahn: louiza

(7) Mit viel Geduld und ein wenig Glück können echte Sammler auf dem Flohmarkt am Vossenplein (Place du Jeu de balle) durchaus mal ein seltenes Stück ergattern. Wer weder Geduld noch Glück besitzt, für den sind die **Vintage- und Antikläden in der Blaesstraat und Hoogstraat** (Rue Haute) wie Passage 125 und K.Loan eine tolle, wenngleich kostspielige Alternative.
hoogstraat und blaesstraat, bus: 48 oder 27, u-bahn: louiza

(10) Bei **Atchoum** kann man Kleidung, Wohnaccessoires und Möbel kaufen. Die meisten Kunden kommen aber wegen der Perlen, die es in allen möglichen Formen und Farben gibt. Samstags findet am Vormittag ein Workshop statt, in dem man (nach Voranmeldung) lernen kann, Schmuck selbst zu designen.
vossenstraat 20, www.atchoum.be, telefon: 02 5143811, geöffnet: di-so 10.30-16.30, bus: 48 & 27, u-bahn: louiza

(11) Ganze Berge Secondhandkleidung bietet zwar auch der Flohmarkt vor der Tür, aber in der Vintage-Boutique **Foxhole** ist alles gewaschen und schön zusammengelegt. Anprobieren kann man natürlich auch.
vossenstraat 6, www.foxholeshop.com, telefon: 0477 205336, geöffnet: do-so 9.30-18.00, bus: 48 & 27, u-bahn: louiza

(18) In Brüssel ist Bernard Gavilan, der "König des Vintage", ein Phänomen. In seinem Laden berät er Kunden mit großem Vergnügen. Wer die **Boutique Bernard Gavilan** betritt, kommt garantiert mit einem völlig neuen Outfit wieder heraus, funky Accessoires inklusive.
blaesstraat 146, www.bernardgavilan.be, telefon: 02 5139290, geöffnet: di-so 10.00-18.00, bus: 48 & 27, u-bahn: louiza

(27) Für die berühmte Brüsseler Schokolade sollte man sich am Grote Zavel (Place du Grand Sablon) umschauen. Wittamer, Godiva und Neuhaus sind die Klassiker, aber auch **Pierre Marcolini**, das Enfant terrible unter den Chocolatiers, ist einen Besuch wert. Er liebt Experimente und hat sogar ganze "Kollektionen" an Pralinen, Schokocremes und Macarons.
minimenstraat 1, www.marcolini.be, telefon: 02 5141206, geöffnet: mo-do 10.00-19.00, fr 10.00-20.00, sa 9.00-20.00, so 9.00-19.00, straßenbahn: 92 & 94, bus: 48 & 27

(31) Am Zavel (Sablon) befindet sich ein *flagship store* des **Taschen**-Verlags. Hier kauft man Kult- und Kunstbücher, die teilweise sogar preiswert sind. Dass Philippe Starck, der Haus-Designer des Verlags, hier seine Hand im Spiel hatte, erkennt man an den goldfarbenen Displays und den Holzregalen.
lebeaustraat 18, www.taschen.com, telefon: 02 5138023, geöffnet: mo-sa 11.00-19.00, so 12.00-18.00, straßenbahn: 92 & 94

(32) **Christa Reniers** gehört zu den führenden Schmuckdesignern Belgiens. Für ihre zeitlosen Kreationen (in 18 Karat Weiß- oder Gelbgold) ließ sie sich von organischen Formen inspirieren. Einfach klingeln, auch wenn Sie nur mal kurz ihre stilvolle Ladeneinrichtung bewundern wollen.
lebeaustraat 61, www.christareniers.com, telefon: 02 5149154, geöffnet: di-sa 11.30-13.30 & 14.30-18.30, so 12.00-17.00, straßenbahn: 92 & 94

(33) **Elvis Pompilio** kennt sie alle, die Großen der Modewelt. Mit vielen hat er schon zusammengearbeitet, so auch mit Chanel und Mugler. Jetzt hat er sein eigenes Boutique-Atelier, in dem er Hüte entwirft und seinen Kunden höchstpersönlich zu Diensten steht.
lebeaustraat 67, www.elvispompilio.com, telefon: 02 5128588, geöffnet: fr-so 11.00-18.00 oder nach vereinbarung, straßenbahn: 92 & 94

TASCHEN (31)

⑫ FLOHMARKT AM VOSSENPLEIN

100% there

⑫ Am **Flohmarkt am Vossenplein** (Place du Jeu de balle) sollte man genauer hinschauen, denn hier gibt es zwischen Unmengen an Nippes manchmal auch sehr wertvolle Objekte. Gehen Sie möglichst unter der Woche dorthin, dann sind die Preise niedriger als am Wochenende. Und wer eine kurze Verschnaufpause mit Kaffee oder Mittagessen einlegen will, findet dazu ausreichend Gelegenheit auf den vielen Terrassen am Platz. Sonntags bietet das **Café La Brocante** Livemusik und Austern.
vossenplein, geöffnet: täglich 7.00-15.00, bus: 48 & 27, u-bahn: louiza

⑮ De **Baden van het Centrum** (Les Bains du Centre) wurden 1953 als Gegenmaßnahme zu den erbärmlichen Hygienebedingungen in den Marollen eröffnet. Hier konnten sich die armen Einwohner des Viertels duschen oder ein Bad nehmen. Heute ist das Bad, das in der oberen Etage mit einem wunderschönen 25-Meter-Becken unter einem Glasdach lockt, ein Muss für sportliche Architekturfans. On top gibt's einen schönen Blick auf Brüssel.
reebokstaat 28, telefon: 02 5112468, geöffnet: mo-fr 7.30-19.30, preis: 4 €, bus: 48 & 27, u-bahn: louiza

㉟ Das **Goudblommeke in Papier** ist ein Café mit großer Vergangenheit. In den 1920er-Jahren war es nämlich Treffpunkt surrealistischer Maler und Autoren aus Brüssel – René Magritte ging hier ein und aus. Auch heute noch treffen sich im Café die Brüsseler Künstler und Literaten, und es finden Erzählnachmittage, Poesie-Abende und Ausstellungen statt.
cellebroersstraat 55, www.goudblommekeinpapier.be, telefon: 02 5111659, geöffnet: mo-sa 11.00-0.00, so 11.00-19.00, bus: 48 & 27

㊱ Wird Brüssel das neue Berlin? **Recyclart**, ein alternatives Kunstzentrum in einem alten Bahnhof, würde auch Deutschlands Hauptstadt gut zu Gesicht stehen. Hier finden weniger bekannte Musiker, DJs, Fotografen und andere Künstler die Möglichkeit, sich zu präsentieren. Tagsüber kann man in der Bar einen Kaffee trinken oder etwas essen. Abends ist Partyzeit, dann wird getanzt.
ursulinenstraat 25, www.recyclart.be, telefon: 02 5025734, geöffnet: café di-fr 11.00-17.00, bühne nicht täglich geöffnet, für das programm siehe website, bus: 48 & 27

Zavel & Marollen (Sablon & Marolles)

Ein idealer Sonntagsspaziergang, denn dann ist hier viel los und die meisten Geschäfte und Lokale sind geöffnet. Von der Kirche Kapellekerk (Église de la Chapelle) (1) geht es rechts über die Hoogstraat in Richtung Marollen. Hier wartet erst mal ein afrikanischer Kaffee (2) oder italienische bzw. Brüsseler Kost (3) (4). Etwas weiter gibt es Lederwaren (5) oder Vintage (6). Die Straße, und auch die Blaesstraat parallel dazu, ist bekannt für ihre Antikläden (7). Kurz bevor Sie rechts in die Vossenstraat einbiegen, wartet eine Schneckenbude (8) und links ein Bierlokal (9), gegenüber die Perlerie Atchoum (10) und etwas weiter der Retroladen Foxhole (11). Schlendern Sie links über den Flohmarkt am Vossenplein (12), besuchen Sie das La Clef d'Or (13), nehmen Sie ein Erfrischungsbad (15) oder gönnen Sie sich eine Frikadelle (14) oder ein *pintje* im Café Chaff (16). Zurück zur Blaesstraat, um *comfort food* aus Senegal (17) zu probieren. Der Straße folgen, um den Laden des "Vintagekönigs" (18) und etwas weiter die libanesische Mezzebar (19) zu besuchen. Gehen Sie ein paar Schritte zurück und biegen Sie links in die Spiegelstraat ein. Am Platz den gläsernen Aufzug zum Poelaertplein nehmen (20) (21). Auf dem Platz schräg gegenüber links in die Wolstraat gehen. Dann gleich rechts Richtung Egmontpark (22), um in der Orangerie eine Pause einzulegen und den Blick auf das Egmontpaleis zu genießen. Den Park über die Wolstraat verlassen und geradeaus Richtung Bar Pixel (23) gehen. Hier links nach unten, an der Terrasse (24) am Fuße der Kirche (25) vorbei und dann rechts in die Minimenstraat einbiegen. Links die Treppe (Graffiti) hinuntergehen und die erste Straße rechts Richtung Soul Restaurant (26) nehmen. Zur Minimenstraat zurückkehren und bei Pierre Marcolini (27) etwas Leckeres kaufen. Am Brunnen auf dem Grote-Zavel-Platz findet an Wochenenden ein Antikmarkt statt. Rechts hinauf zum Platz Kleine Zavel (28) gehen, die Kirche (29) bewundern und gegenüber schick tafeln (30). Zum Grote-Zavel-Platz zurückkehren und rechts abbiegen, um ein Buch (31), Juwelen (32) oder einen Hut (33) zu kaufen, bevor Sie die Rollebeekstraat hinuntergehen. An der Keizerslaan geht es rechts Richtung Hoektoren (34) oder geradeaus in die Cellenbroerstraat, wo sich ein berühmter literarischer Treffpunkt befindet (35). Zurückgehen und im alternativen Kunstzentrum Recyclart (36) vorbeischauen.

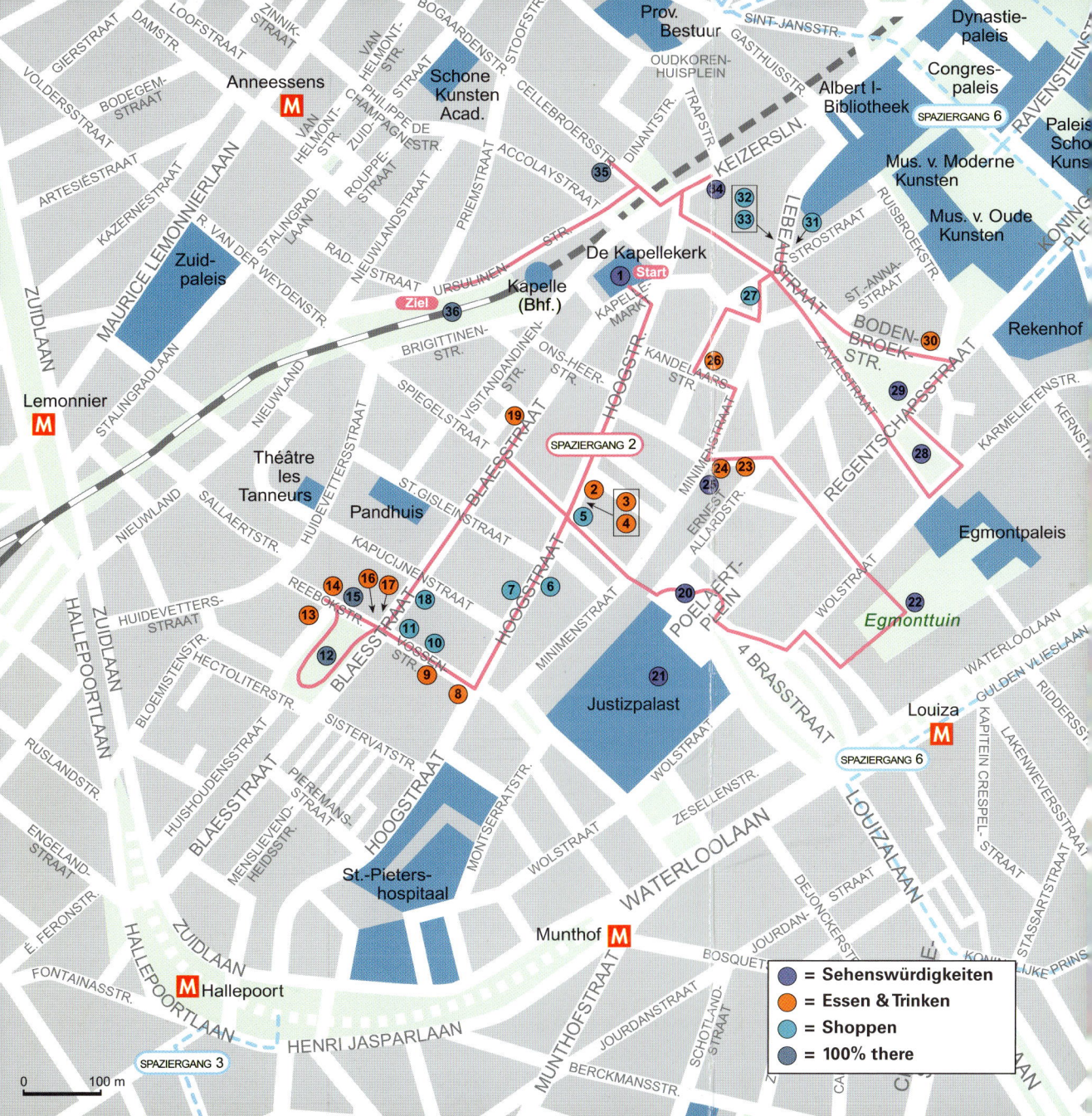

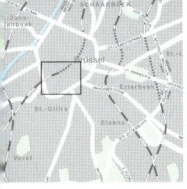

Sint-Gillis & Brugmannplein (Saint-Gillis & Place Brugmann)

Migranten, Art nouveau und schicke Alleen

Willkommen in Sint-Gillis (Saint Gillis), dem immer beliebter werdenden Kunst- und Migrantenviertel südöstlich des Zentrums. Auch wegen der vielen hier ansässigen Spanier, Portugiesen, Brasilianer, Italiener und Marokkaner ist Sint-Gillis ein buntes und gemütliches Viertel. In der gleichnamigen Kirche am zentral gelegenen Sint-Gillis Voorplein (Parvis de Saint-Gilles) werden sogar Messen in fünf verschiedenen Sprachen abgehalten.

Das Viertel ist auch Heimat der Bobos (Bourgeois-Bohemiens), einer Gesell-schaftsschicht mit bürgerlichen Wurzeln und kreativer, nonkonformistischer Prägung. Möchtegern-Bohemiens könnte man sie auch nennen. Sie lieben das Authentische, Retro-Sachen und Handarbeit. Kein Wunder, dass man in dieser Gegend auch viele Märkte, Secondhand- und Weltläden, Modeateliers, biologisches Essen und *staminees* (Cafés) findet. Wenn man das Viertel besucht, fühlt man sich in die Zeit zurückversetzt.

3

Sint-Gillis ist kein Nobelviertel, das sicher nicht. Die Cafés machen einen angestaubten Eindruck, und man begegnet den sonderbarsten Typen. Aber gerade das macht diese Gegend so einzigartig. Einfach eintauchen und die lockere Atmosphäre genießen ... Auch für Architekturliebhaber hat Sint-Gillis eine Menge zu bieten. Das Viertel ist berühmt für seine vielen Jugendstilbauten (hier Art nouveau genannt). Diese Kunstströmung entstand um 1900 und schöpfte ihre Inspiration aus Blumen, Pflanzen und anderen organischen Motiven. Manche Fassaden sind wahre Kunstwerke, verspielt und farbenfroh, oft mit Glasmalereien versehen.

Dass Brüssel auch eine Stadt der Gegensätze ist, zeigt sich am deutlichsten am Brugmannplein. Nur wenige Meter von Sint-Gillis entfernt befindet man sich plötzlich in einer ganz anderen Welt. Der Platz, auf dem die Onze-Lieve-Vrouw Boodschapkerk (Église Notre-Dame de l'Annonciation) steht, und auch die Gegend ringsherum sind fest in Händen des Jetsets. Very BCBG (bon chic, bon genre).

6 Insider-Tipps

Hallepoort

Geschichte erleben und die herrliche Aussicht genießen.

Les Filles Plaisiers

Bei drei heiteren Damen tafeln.

Potemkine

Am Fuß des Hallepoort (Porte de Hal) brunchen.

Park Tenbosch

In einer versteckten Oase zur Ruhe kommen.

Dandoy

Die besten Kekse Brüssels essen.

Huis Hannon

Art nouveau der Spitzenklasse bewundern.

● Sehenswürdigkeiten
● Shoppen
● Essen & Trinken
● 100% there

Sehenswürdigkeiten

(1) Das 1381 erbaute Stadttor **Hallepoort** (Porte de Hal) war Bestandteil der zweiten Stadtmauer Brüssels und blieb als einziges von ursprünglich sieben mittelalterlichen Toren erhalten. Ab dem Jahr 1564 wurde der Bau unter anderem als Getreidespeicher, Kirche und Gefängnis verwendet und im 19. Jahrhundert zum Museum, einem der ersten in Europa, umgewandelt. Hier werden die Befestigungsanlagen Brüssels und die Rolle der Zünfte anschaulich erläutert. Wer die Treppe nach oben nimmt, wird mit einer herrlichen Aussicht über Sint-Gillis (Saint-Gillis) und Umgebung belohnt.
zuidlaan, www.mrah.be, telefon: 02 5341518, geöffnet: di-fr 9.30-17.00, sa-so 10.00-17.00, eintritt: 5 €, u-bahn: hallepoort

(4) Architekturliebhaber sollten unbedingt einen Blick in die grandiose **Vanderschrickstraat** werfen. Hier findet man ein beeindruckendes Ensemble von nicht weniger als 14 Art-nouveau-Häusern (Hausnummern 1 bis 25), das um 1900 von Ernest Blérot erbaut wurde. Die Fassaden sind handsigniert und datiert. Nehmen Sie sich Zeit, um die schönen Blumenmotive zu betrachten.
vanderschrickstraat, u-bahn: hallepoort & sint-gillis voorplein

(9) Am **Sint-Gillis Voorplein** (Parvis de Saint-Gilles) herrscht immer eine angenehme Betriebsamkeit. Unter der Woche (außer montags) findet hier ein kleiner Kleidermarkt statt, der sich am Wochenende zu einem großen Markt mit Imbissbuden und Ständen verwandelt. Gut aushalten lässt es sich in den (Straßen-)Cafés bei einem Aperitif, einem Snack oder einem *pintje* (Pils).
sint-gillis voorplein, geöffnet: markt di-so 8.00-12.00, u-bahn: sint-gillis voorplein

(14) Das **Pelgrimshuis** (Maison Pelgrims), das ab 1927 das Wohnhaus der Familie Pelgrims war, ist eine imposante Stadtvilla im eklektizistischen Stil des 19. Jahrhunderts. 1963 ging die Villa in den Besitz der Gemeinde Sint-Gillis (Saint-Gillis) über, die hier ihr Kulturreferat unterbrachte und Veranstaltungen abhält.
parmastraat 96, geöffnet: nur zugänglich während veranstaltungen, u-bahn: sint-gillis voorplein

⑮ Der **Louis Moricharplein** (Place Louis Morichar) ist ein neu gestalteter Platz und beliebter Treffpunkt von Kindern, Künstlern und auch Sportlern. Umgeben ist der Platz von einigen schönen Art-nouveau-Häusern, vor allem die Fassaden der Hausnummern 14 und 41 sind sehr sehenswert.
louis moricharplein, u-bahn: sint-gillis voorplein

⑯ Das monumentale, hufeisenförmige **Rathaus von Sint-Gillis** (Saint-Gillis) wurde Anfang des 20. Jahrhunderts von Albert Dumont entworfen. Die Fassade ist ein Paradebeispiel italienischer Neo-Renaissance, im Inneren hängen Gemälde berühmter belgischer Künstler. Direkt vor dem Rathaus findet montags (von 12 bis 19 Uhr) ein Markt statt, auf dem man Krustentiere, Thai-Gerichte, Couscous und vieles mehr bekommt.
van meenenplein 39, telefon: 02 5360211, geöffnet: 8.00-12.00, eintritt: frei, u-bahn: horta

㉓ Das **Huis Hannon** (Maison Hannon) beherbergt eine Galerie für zeitgenössische Fotografie, **Espace Photographique Contretype**. Es ist eines von nur zwei Art-nouveau-Häusern (das Hortamuseum ist das andere), das man ohne Voranmeldung besuchen kann. Jules Brunfaut errichtete das Haus im Auftrag von Edouard Hannon, einem der bedeutendsten Industriellen des Solvay-Soda-Imperiums und einem talentierten Landschaftsfotografen. Sehenswert: das riesige Wandgemälde im Treppenhaus sowie die Tiffany-Fenster. Leider ist von der ursprünglichen Einrichtung fast nichts erhalten geblieben.
verbindingslaan 1, www.contretype.org, telefon: 02 5384220, geöffnet: mi-fr 11.00-18.00, sa-so 13.00-18.00, eintritt: 3 €, straßenbahn: 92

Essen & Trinken

(2) Das **Potemkine** ist grandios. Außer einem gemütlichen Café im Foyer dieses ehemaligen Kinos gibt es auch eine herrliche Terrasse und eine Bar am Fuß des Hallepoort (Porte de Hal) – und sogar einen eigenen kleinen Kinosaal. Tagsüber ideal zum Brunchen, abends für einen Drink.
hallepoortlaan 2-4, www.potemkine.be, telefon: 02 5394944, geöffnet: ma-so ab 9.00, preis: mittagessen 10 €, u-bahn: hallepoort

(3) Lust auf etwas Süßes? Dann sind Sie bei **Au Pays des Merveilles** genau richtig. Hier gibt es "bagels & autres petits plaisirs", zum Beispiel verschiedene Torten und Kuchen, Smoothies und Milkshakes.
jean volderslaan 42, www.apdm.be, telefon: 02 5390151, geöffnet: mo-fr 8.30-18.00, sa-so 9.00-19.00, preis: 4 €, u-bahn: hallepoort

(5) An Wochentagen laden die drei Inhaberinnen von **Les Filles Plaisirs Culinaires** zu Tisch. Dann gibt es zur Mittagszeit ein Drei-Gänge-Menü aus biologischen und qualitativ hochwertigen Zutaten. Man isst in der Küche, das Essen holt man sich direkt vom Herd.
vanderschrickstraat 85, www.lesfillesplaisirsculinaires.be, telefon: 02 5340483, geöffnet: mo-fr 12.00-14.30, preis: mittagessen 18 €, u-bahn: hallepoort

(8) **Brasserie Verschueren**: im Zweiten Weltkrieg geheimer Treffpunkt des Widerstands, heute das Lieblingslokal vieler Einheimischer. Die 1880 gegründete Brasserie hat eine übersichtliche Speisekarte mit einfachen Gerichten wie Spaghetti Bolognese, *croque-monsieurs* und Tagessuppe. Die Preise sind moderat.
sint-gillis voorplein 11, telefon: 02 5394068, geöffnet: täglich 11.00-2.00, preis: 7,50 €, u-bahn: sint-gillis voorplein

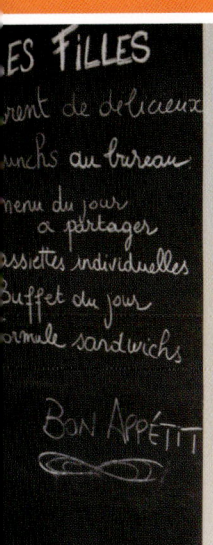

LES FILLES PLAISIRS CULINAIRES ⑤

⑩ Das **Café Maison du Peuple** ist zwar relativ neu, aber schon sehr beliebt. Anders als die benachbarten Gebäude hat das 1907 erbaute Haus einen eher industriellen Look mit großen Fensterflächen. Die Speisekarte ist üppig, das Kulturangebot ebenso: An den Wänden hängen Bilder, auf der Bühne stehen DJs oder Bands.

sint-gillis voorplein 39, www.maison-du-peuple.be, telefon: 02 8500908, geöffnet: so-do 8.30-1.00, fr-sa 8.30-3.00, preis: 10 €, u-bahn: sint-gillis voorplein

(11) Die **Brasserie de l'Union** ist ein typisches Brüsseler Lokal, ein Muss und immer proppenvoll. Und das, obwohl weder die Einrichtung noch die Bedienung noch das Essen überzeugen. Was die Leute anzieht, ist die ganz eigene Atmosphäre.

sint-gillis voorplein 55, telefon: 02 5381579, geöffnet: täglich 8.00-0.00, preis: 7,50 €, u-bahn: sint-gillis voorplein

(12) Anders als der Name vermuten lässt, ist die **Moskoustraat** (Rue de Moscou) vor allem wegen der vielen afrikanischen Restaurants bekannt. Empfehlenswert sind das **Aux Mille et Une Nuits** (Hausnummer 7) mit der märchenhaften Einrichtung und das marokkanische Restaurant **Chez Mimoun** (Hausnummer 17).

moskoustraat, u-bahn: sint-gillis voorplein

(17) "BHV" ist nicht nur das Kürzel des Wahlkreises Brüssel-Halle-Vilvoorde, sondern auch des **Buffet de l'Hôtel de Ville**. In diesem Mini-Restaurant, das übrigens nur werktags am Nachmittag geöffnet hat, stammen das Essen und die Weine aus biologischem Anbau.

maurice van meenenplein 33, telefon: 04 76236040, geöffnet: mo-fr 11.00-15.00, preis: mittagessen 10 €, straßenbahn: 81

(18) In der Kneipe **Moeder Lambic** gibt es statt *pintje* (Pils) Hunderte Biersorten kleiner belgischer Brauereien. Lassen Sie sich von den Profis am Tresen beraten, die kennen sich richtig gut aus. Mit der Eröffnung einer gleichnamigen Kneipe am Fontainasplein (Place Fontainas) im Zentrum ging die Erfolgsgeschichte 2009 weiter.

savoiestraat 68, www.moederlambic.com, telefon: 02 5441699, geöffnet: täglich 16.00-3.00, preis: mittagessen 5 €, straßenbahn: 81

(19) Nicht nur bei den Vorspeisen und Hauptgerichten des **Café des Spores** dreht sich alles um Pilze, sondern auch bei den Nachspeisen. Alles wird frisch zubereitet, wovon man sich dank der offenen Küche selbst überzeugen kann.

alsembergsesteenweg 103, www.cafedesspores.be, telefon: 02 5341303, geöffnet: mo-di & sa 19.30-23.00, mi-fr 12.00-14.00 & 19.30-23.00, preis: 18 €, straßenbahn: 81

BRASSERIE VERSCHUEREN ⑧

⑳ Bei **La Buvette** sollte man unbedingt reservieren. Denn das Lokal in einer einstigen Metzgerei, von der die Fleischhaken und deckenhohen Wandfliesen stammen, bietet nur zwanzig Personen Platz. Bringen Sie etwas Zeit mit, denn Nicolas Scheidt, der Elsässer Koch, steht allein in der Küche und kümmert sich zwischendurch auch noch um die Weinauswahl. Das Warten lohnt sich aber. *alsembergsesteenweg 108, www.la-buvette.be, telefon: 02 5341303, geöffnet: di-sa 20.00-22.00, mi-fr 12.00-14.00, preis: fünfgängiges menü 35 €, siebengängiges menü 45 €, straßenbahn: 81*

35 **GAUDRON**

㉒ Die Klientel der **Bar du Matin**, einer Bar im einfachen Stil der 1950er-Jahre, ist bunt gemischt: von Eltern mit kleinen Kindern bis hin zu betagten Ehepaaren. Ob zum Frühstücken, Mittagessen, Kaffeetrinken oder Zeitunglesen oder wegen eines Live-Auftritts: Diese Bar mit ihrer Sonnenterrasse ist immer eine gute Wahl.

alsembergsesteenweg 172, www.bardumatin.blogspot.com, telefon: 02 5377159, geöffnet: mo-fr 8.00-1.00, sa-so 8.00-2.00, preis: 5 €, u-bahn: albert

㉔ Das **Chez Franz** an der Kreuzung der Hogebruggelaan (Avenue du Haut-Pont) und der Franz Merjaystraat klingt nicht nur wie ein Pariser Bistro, sondern sieht auch so aus. Typisch belgische Tagesgerichte stehen auf der Karte, und am Wochenende kann man hier brunchen. Bei schönem Wetter sind die Terrassenplätze sehr begehrt.

hoge-bruggelaan 30, www.chez-franz.be, telefon: 02 3474212, geöffnet: mo-fr 8.00-0.00, sa-so 10.00-1.00, preis: tagesmenü 10 €, straßenbahn: 92

㉛ Am schicken Brugmannplein (Place Brugmann) wirkt **Le Balmoral** ein wenig fremd. Als wäre man mit einer Zeitmaschine in die 1950er-Jahre zurückgekehrt. Diese American Milkbar mit pastellfarbener Einrichtung, Jukebox, Hamburgern und Milkshakes ist absolut stimmungsaufhellend.

georges brugmannplein 21, www.resto.com/balmoral, telefon: 02 3470882, geöffnet: di-do & sa-so 9.00-19.00, fr 9.00-22.00, preis: 11 €, bus: 60

㉝ Die Brasserie **Le Portrait (de Famille)** ist sehr zeitgemäß und trotzdem authentisch. Sowohl bei der Einrichtung als auch auf der Speisekarte werden Originalität und Tradition erfolgreich miteinander verknüpft.

franz merjaystraat 165, telefon: 02 3443712, geöffnet: täglich 11.00-23.00, preis: 14 €, straßenbahn: 92

㉟ Ein minimalistischer Innenarchitekt und der mondäne Chef der Tearoom-Konditorei **Gaudron** krempelten den Laden vor fünf Jahren komplett um. Das Ergebnis: ein völlig neues Lebensmittelgeschäft, das zugleich Gemüseladen, Patisserie, Vinothek und Traiteur ist. Wer will, kann das Gekaufte sofort vor Ort verzehren.

georges brugmannplein 3, www.gaudron.be, telefon: 02 3439790, geöffnet: täglich 7.00-20.00, preis: brunch 13 €, bus: 60

Shoppen

(6) Es ist noch nicht lange her, dass Inhaberin Anneke ihr **Fripes Kot** eröffnete. "Fripes" bedeutet Secondhandkleidung und "kot" so etwas wie Schuppen. Die nostalgische Atmosphäre, die der Name versprüht, ist auch im Laden allgegenwärtig.
jean volderslaan 49, telefon: 02 5390890, geöffnet: di-sa 11.00-18.30, u-bahn: hallepoort & sint-gillis voorplein

(25) **Bonnie & Jane** sind die Alter Egos von Anne und Laurie, den Erfinderinnen des "Boutique-Apartments". Besuchen Sie ihr gemütliches Wohnzimmer voller Sessel, Lampen, Kleidung, Bücher und Schmuck. Fast alles ist zu kaufen.
darwinstraat 34, telefon: 02 2652494, geöffnet: mo-mi 11.00-18.30, do-sa 11.00-19.00, so 13.00-17.00, straßenbahn: 92

(26) Ein kurzer Aufenthalt im Kinderladen **La Petite Fiesta** ist immer toll. Hier ist alles wunderbar altmodisch: die Vitrine mit Baldachin im Zirkusstil, die Möbel, die Einrichtungsgegenstände, ja sogar die Süßigkeiten. Und wer es nicht schafft, zu den sehr eingeschränkten Öffnungszeiten zu kommen, kann den Laden auch auf Anfrage bestaunen.
darwinstraat 9, telefon: 0479 669274, geöffnet: do-sa 11.00-18.00, straßenbahn: 92

(27) Die **Galerie Tim Dubus** hat sich auf Design der 1950er- bis 1980er-Jahre spezialisiert. Jedes Stück wurde vom Antiquar und Innenarchitekten Tim Dubus höchstpersönlich ausgesucht. Fans von Willy Van Der Meeren und Jieldé kommen hier voll auf ihre Kosten.
darwinstraat 33, telefon: 0479 430565, geöffnet: di-sa 11.00-18.30, straßenbahn: 92

(28) Aus 40 natürlichen Basisdüften kann man bei **L'Antichambre** sein eigenes Parfüm zusammenstellen, fachmännisch unterstützt von der Erfinderin dieses Konzeptes, Anne Pascale. Sie füllt Ihren selbst kreierten Duft in einen hübschen Flakon und versieht diesen mit Ihrem Wunschnamen.
georges brugmannplein 13, www.l-antichambre.com, telefon: 02 3435513, geöffnet: di-sa 11.00-18.30, so 12.00-16.00, bus: 60

BONNIE & JANE ㉕

(29) 1984 arbeiteten Katrin Wouters und Karen Hendrix zum ersten Mal zusammen an einer Schmuckkollektion. Fast 30 Jahre später sind sie aus der Antwerpener Modeszene nicht mehr wegzudenken und weit über die Grenzen Belgiens hinaus bekannt. In ihrem Brüsseler Geschäft **Wouters & Hendrix** werden zweimal im Jahr neue Gold- und Silberschmuckkollektionen präsentiert.

georges brugmannplein 16, www.wouters-hendrix.com, telefon: 02 3450285, geöffnet: di-sa 10.30-18.30, bus: 60

(32) Auch wenn Violaine Damien, die Inhaberin von **Graphie Sud**, die Bezeichnung *concept store* nicht mag, träfe sie noch am ehesten auf ihren Laden zu. Wer sich das ganze Sortiment von Wohnaccessoires, Kleidung, Taschen, Parfüms, Gadgets und vielem mehr ansehen will, muss allerdings etwas Zeit mitbringen.

berkendaellaan 195, www.graphiesud.com, telefon: 02 3443192, geöffnet: di-sa 11.00-18.30, so 12.00-16.00, bus: 60

(34) Bereits seit 1829 stellt die Familie **Dandoy** die besten Kekse Belgiens her. Neben *pain à la grecque* wurden hier unter anderem Spekulatius, Mandelbrötchen und Macarons gebacken. Beinahe 200 Jahre später betreibt die x-te Nachfolgegeneration in Brüssel ganze sieben Filialen. Der Tearoom im Zentrum (Charles Bulsstraat 14) ist eines der wenigen Cafés, in denen es noch echte Brüsseler Waffeln gibt.

georges brugmannplein 9a, www.maisondandoy.be, telefon: 02 3446116, geöffnet: mo-sa 10.30-19.00, so 11.00-15.00, bus: 60

(36) **Bang Bang** ist das Laden-Atelier der Designerin Fanny Leloup. Hier stellt sie ihre eigene Modelinie her – allesamt durch und durch weibliche Entwürfe mit einem Retro-Touch: Kleider mit abnehmbaren Ärmeln, aus alten Halstüchern hergestellte Gürtel und Wendeschals.

lariksenstraat 103, telefon: 0495 608190, geöffnet: mi-sa 11.00-19.00, bus: 60

WOUTERS & HENDRIX ㉙

100% there

(7) **Le Super Marché de ta Mère** steht im Zeichen schöner Dinge: Schmuck, Kindersachen, Taschen, Kissen – alles originell und handgefertigt. In der Galerie werden Unikate und Sondereditionen belgischer Künstler angeboten, und im Atelier im ersten Stock kann man seine eigenen Künste unter Beweis stellen. *jean volderslaan 72, www.lesupermarchedetamere.be, telefon: 02 3351003, geöffnet: mi-sa 11.00-18.00, u-bahn: sint-gillis voorplein*

(13) Der etwas versteckt liegende **Pierre Pauluspark** (Parc Baron Pierre Paulus) ist eine Oase der Ruhe. Der älteste und zugleich romantischste Teil des Parks wurde im Stil eines englischen Gartens angelegt und gehörte einst zum Pelgrimshuis (siehe S. 59). Im neuen, leicht ansteigenden Teil befinden sich ein Kinderspielplatz und ein schöner Wanderweg. Nicht vergessen: Abends wird das Tor geschlossen. *parmastraat 69, geöffnet: täglich 7.30-18.30, im sommer bis 20.00, eintritt: frei, u-bahn: sint-gillis voorplein*

(21) König Leopold II. nannte den **Park van Vorst** (Parc de Forest) ein "Erholungs- und Wandergebiet für die Arbeiterklasse". Obwohl der Park heute einen etwas ungepflegten Eindruck macht, ist die Aussicht über den südlichen Teil Brüssels nach wie vor fantastisch. *kemmelberglaan, u-bahn albert*

(30) In der Vinothek und Weinbar **Vinicity** hat man die Qual der Wahl aus 250 verschiedenen Weinen. Wer sich mit spontanen Entscheidungen schwertut, kann beim Genuss von Tapas etwas Zeit gewinnen. Oder belegen Sie noch vor Ort ein Weinseminar. *georges brugmannplein 18, www.winery.be, telefon: 02 3454717, geöffnet: mo-sa 11.00-20.00, bus: 60*

(37) Der **Park Tenbosch** ist zwar nur zwei Hektar groß, aber eine wahre Perle: Über 70 verschiedene Baumarten lassen die Herzen von Botanikern höher schlagen, Kinder toben auf Spielplätzen, und im Sommer stehen überall Liegestühle, sodass auch Sonnenhungrige auf ihre Kosten kommen. *hector denisstraat, bus: 54 oder 60*

VINICITY ③⓪

Sint-Gillis & Brugmannplein
(Saint-Gillis & Place Brugmann)

Startpunkt ist das Hallepoort ①. Von oben wartet eine schöne Aussicht über Sint-Gillis, am Fuße ein leckeres Frühstück ②. Mit dem Rücken zum Tor geht es jetzt erst rechts und dann links Richtung Jean Volderslaan, um Bagels zu kosten ③, und nochmals links in die Vanderschrickstraat, um schöne Jugendstilarchitektur ④ zu bewundern, oder rechts, um bei Les Filles ⑤ zu essen. Zurückgehen und der Jean Volderslaan folgen, um schöne Dinge zu kaufen ⑥ ⑦. Hier stößt man auf die Brasserie Verschueren ⑧ am Sint-Gillis Voorplein ⑨. An diesem Platz gibt es zwei nette Cafés ⑩ ⑪. Links in der Moskoustraat ⑫ kann man exotisch speisen. Zurückgehen und dann geradeaus Richtung Pierre Pauluspark ⑬ und in das Pelgrimshuis ⑭ dahinter gehen. Rechts abbiegen und den Louis Moricharplein ⑮ mit den schönen Jugendstilhäusern anpeilen. Rechts in die Taminesstraat einbiegen und das imposante Rathaus von Sint-Gillis ⑯ bewundern. Links daneben kann man sich ein biologisches Mittagessen ⑰ oder rechts ein wohlschmeckendes Bier ⑱ gönnen. Geradeaus weitergehen und links in den Alsemergsesteenweg einbiegen, um einen Tisch für abends zu reservieren ⑲ ⑳. Wenn Sie hier rechts abbiegen, gelangen Sie direkt zum Park van Vorst ㉑. Durch das Grün hindurch hat man hier eine grandiose Aussicht auf Brüssel-Süd. Den Park an derselben Seite verlassen, geradeaus gehen und in der Bar du Matin ㉒ ein Mittagessen genießen. Weiter Richtung Ducpétiauxlaan, am sternförmigen Gefängnis vorbeigehen, erst rechts und dann links in die Félix Delhassestraat abbiegen, um das Huis Hannon ㉓ zu bestaunen. Bei Chez Franz ㉔ in der Hoge-Bruggelaan kann man sich für eine kleine Shoppingtour in der Darwinstraat ㉕ ㉖ ㉗ stärken (zwei Mal rechts). Zurückgehen und den Brugmannplein anvisieren. Rechts abbiegen, um einen Duft ㉘, schönen Schmuck ㉙ oder Wein ㉚ auszusuchen, eine Milchbar ㉛ zu besuchen oder bei Graphie Sud ㉜ einzukaufen. An der Ecke wartet ein echtes Brüsseler Lokal ㉝. Danach links und wieder links in die feine Molièrelaan mit ihren schicken Stadtvillen abbiegen. Gleich links zurück Richtung Brugmannplein gehen und diesen überqueren, um Kekse oder andere Leckereien zu probieren ㉞ ㉟. Von hier geht es in die Louis Lepoutrelaan, dann rechts in den Waterloosesteenweg und links in die Lariksenstraat ㊱. Der Spaziergang endet im herrlichen Park Tenbosch ㊲.

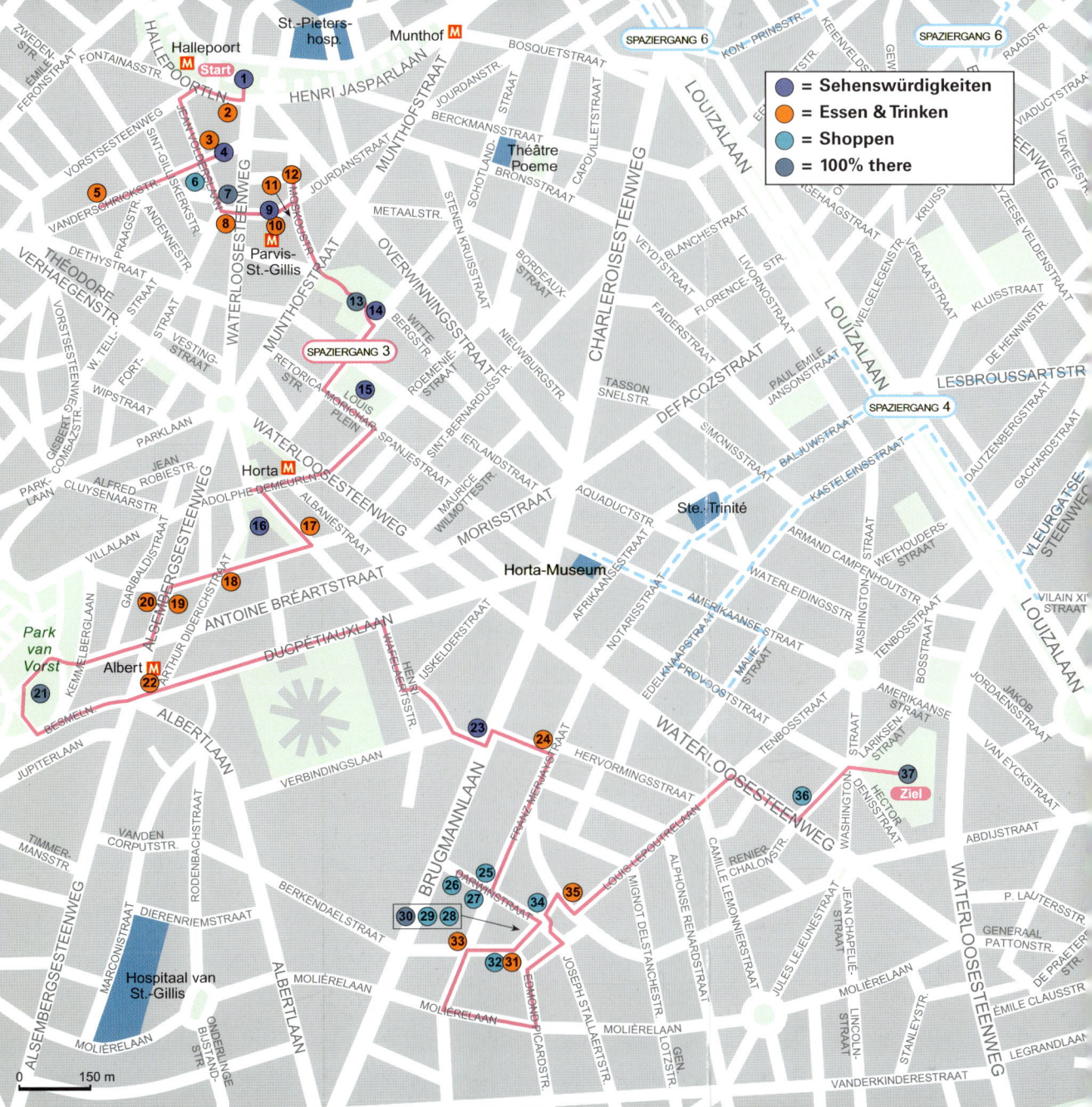

Elsene (Ixelles)

Art nouveau, hippe Europäer und vornehme Diplomatie

Die Gemeinde Elsene (Ixelles) wird von der Louizalaan zweigeteilt: Der Großteil mit dem Viertel Flagey liegt östlich der Prachtstraße, das nach dem Schlossplatz benannte Kastelein-Viertel (Quartier Châtelain) westlich davon. Beide Viertel haben einiges gemeinsam: Sie liegen außerhalb des Stadtzentrums und sind bei Einheimischen, die hier gern wohnen, arbeiten, einkaufen und ausgehen, äußerst beliebt.

Am Flageyplein (Place Flagey) und ringsherum wird überwiegend Flämisch gesprochen, nicht zuletzt weil sich das frühere Rundfunkhaus Flageygebouw (Maison de la Radio) zu einem hippen Kulturtempel verwandelt hat, in dem nahezu alle niederländischsprachigen Medien Brüssels untergebracht sind. Dieser Teil der Gemeinde Elsene wird zudem von einer großen japanischen und portugiesischen Gemeinschaft geprägt, während das Kastelein-Viertel vorwiegend von französischsprachigen Brüsselern bewohnt wird.

4

Beide Viertel sind ausgesprochen attraktiv und bei jungen Europäern sehr gefragt, wobei sich nur wenige Glückspilze eine Wohnung in den prächtigen, seennahen Anwesen leisten können. Von hier aus erstreckt sich eine schicke, grüne Wohngegend über die Gärten der Abdij Ter Kameren (Abbaye de la Cambre) bis hin zum Ter Kamerenbos (Bois de la Cambre). Am Rande dieses Grünstreifens befinden sich neben den beiden Brüsseler Unis einige prachtvolle Botschaftsgebäude. Jenseits davon liegt das Studentenviertel Quartier Latin mit vielen Copyshops, Cafés und preiswerten Restaurants.

Elsene kann auf eine lange kulturelle Tradition zurückblicken und war bereits Anfang des 20. Jahrhunderts sehr en vogue. Hier befinden sich auch einige Bauwerke der international hoch angesehenen Art-nouveau-Architekten Victor Horta und Paul Hankar, zum Beispiel an der Defacqzstraat (Hausnummer 50 und 71). Die meisten sind in Privatbesitz und daher nicht zugänglich – ein Wermutstropfen, den ein Besuch des grandiosen Horta-Museums jedoch wieder wettmacht.

6 Insider-Tipps

Horta-Museum

Das Haus des Meisters bewundern.

Kokuban

Echte japanische Nudeln probieren.

La Peinture Fraîche

Stundenlang in Architektur-, Kunst- und Designbüchern schmökern.

Flagey

Ein Zentrum außerhalb des Zentrums besuchen.

Abdij Ter Kameren

In die Geschichte abtauchen und die Ruhe genießen.

Papillon

Sternekoch-Pizzen und -Hamburger schlemmen.

● Sehenswürdigkeiten   ● Essen & Trinken
● Shoppen   ● 100% there

Sehenswürdigkeiten

(1) Das 1893 von Victor Horta erbaute **Maison Tassel** gilt als erstes Art-nouveau-Bauwerk der Welt. Nicht nur die räumliche Konzeption, sondern auch die sichtbare Verwendung von Eisen sowie die wiederkehrende, geschwungene Linienführung waren damals sehr innovativ. Das Haus ist zwar nicht öffentlich zugänglich, doch auch die Fassade ist absolut sehenswert: ein elegantes Zusammenspiel aus Eisen und massiven Steinflächen.
paul-emile jansonstraat 6, nicht öffentlich zugänglich, straßenbahn: 92 & 94

(7) Das **Horta-Museum** befindet sich bereits seit 1969 in dem Haus-Atelier, das der Architekt Victor Horta 1899 für sich selbst entworfen hatte. Vor allem die räumliche Konzeption war damals absolut neuartig: Alle Zimmer münden in ein Treppenhaus, das von einer Glaskuppel überwölbt ist. Diese sorgt dafür, dass Tageslicht bis ins Innere des Gebäudes vordringen kann. Auch beachtenswert sind der subtile Materialeinsatz und die herrlichen, vom Meister selbst entworfenen Art-nouveau-Details.
amerikaanse straat 23-25, www.hortamuseum.be, telefon: 02 5430490, geöffnet: di-so 14.00-17.30, eintritt: 8 €, straßenbahn: 52, 81 & 92

(17) Beim Bau des **Hôtel Solvay** hatte Victor Horta absolut freie Hand, sowohl planerisch als auch finanziell. Das damalige Wohnhaus des Industriellen Ernest Solvay – das womöglich schönste Jugendstil-Bauwerk Hortas – kann leider nur von außen betrachtet werden. Die Fassade besteht aus zierlichen schmiedeeisernen Fenstern und teils geschwungenen Natursteinmauern.
louizalaan 224, telefon: 02 6405645, geöffnet: gruppenbesuch auf anfrage, straßenbahn: 94 oder 92

(31) Im kleinen **Museum von Elsene**, das bereits 1892 seine Tore öffnete, werden tolle Ausstellungen zeitgenössischer Kunst gezeigt. Viele Werke von belgischen Künstlern wie René Magritte, Rik Wouters und Delvaux sowie Poster des französischen Künstlers Toulouse-Lautrec gibt es hier ebenfalls zu bestaunen. Zu den besonders sehenswerten Werken gehören diejenigen des Grafikers Félicien Rops.
jean van volsemstraat 71, www.museumvanelsene.be, telefon: 02 5156421, geöffnet: di-so 9.30-17.00, eintritt: 7 €, u-bahn: naamsepoort

Essen & Trinken

(2) Das **Supra Bailly** ist eine der ursprünglichsten Kneipen der Baljuwstraat und eine sehr hippe noch dazu. Neben den alten Männern, die sich hier schon seit Jugendtagen treffen, tummelt sich das Jungvolk der Nachbarschaft. Sehenswert sind die schönen Fresken im Innenbereich. Unbedingt probieren: balletjes met sauce lapin (Frikadellen mit Lapin-Soße).
baljuwstraat 77, telefon: 02 5340901, geöffnet: täglich 9.00-5.00, preis: 10 €, straßenbahn: 81

(12) Back to the Eighties? Dann ab ins **Les Fils à Maman**. An den Wänden hängen riesige Collagen, die an diese gute alte Zeit erinnern (von Pac-Man bis A-Team). Aufgetischt werden ehrliche, anspruchslose Gerichte, wie eine echte *maman* sie zubereiten würde. Zum Beispiel Rindertartar oder Entrecote und zum Nachtisch leckeres Carambar-Eis (französisches Karamell).
fourmoisstraat 29, www.lesfilsamaman.be, telefon: 02 5345626, geöffnet: mo-fr 12.00-14.30 & 19.00-23.00, sa 19.00-23.00, so 12.00-14.30, preis: 17 €, straßenbahn: 81

(13) Im Restaurant **P.H.A.T.** ("Pretty Hot And Tasty") im New-York-Stil ist man mit ganzem Herzen bei der Sache. Neben den obligatorischen Hamburgern stehen auch köstliche Salate, echte Pastrami-Sandwiches und ein saftiger Käsekuchen auf der Karte. Wer am Wochenende brunchen möchte, sollte besser einen Tisch reservieren.
amerikaanse straat 122, telefon: 02 8521906, geöffnet: mi-fr 12.00-14.30 & 19-00-23.00, sa-so 12.00-17.00 & 19.00-23.00, preis: 14 €, straßenbahn: 81

(15) Die – quadratischen – Pizzen und Hamburger im **Papillon** sind die Kreationen eines Sternekochs, und das schmeckt man. "Fastfood" wird dank der originellen Rezepte und Zutaten wie Steinpilze, Reisessig und Avocado-tartar zu "FastGood" für Feinschmecker. Nehmen Sie auf einer der Schaukeln Platz und urteilen Sie am besten selbst.
amerikaanse straat 91, www.papillonbychef.com, telefon: 02 5390510, geöffnet: di-fr 12.00-15.00 & 18.00-23.00, sa 12.00-23.00, preis: pizza 10x10 cm 4 €, burger 9 €, straßenbahn: 81

DELECTA ㉑

⑱ Im **Atelier de la Truffe Noire** sind zwar Trüffel die Spezialität des Hauses, es werden aber auch andere Gerichte wie Foie Gras und Sandwiches serviert. Das Lokal des italienischen Inhabers Luigi Cicieriello ist der kleine – erschwingliche – Ableger des schicken La Truffe Noire. Auch für ein gutes Frühstück ist man hier richtig.

louizalaan 300, www.atelier.truffenoire.com, telefon: 02 6405455, geöffnet: mo-sa 9.30-23.30, preis: 25 €, straßenbahn: 94

(19) Im **Kokuban**, einem stilvollen Restaurant mit schwarzen Wänden und großen Holztischen, lernt man die japanische Küche mal von einer ganz anderen Seite kennen. Denn ausnahmsweise wird das Essen nicht roh gegessen. Vor allem die *ramen* (Nudel) und *gyoza* (gebackene Ravioli) sind köstlich.
vilain xiii-straat 53-55, www.kokuban.be, telefon: 02 6110622, geöffnet: mo-sa 12.00-14.00 & 19.00-22.00, preis: 14 €, straßenbahn: 94

(21) Die Weinbar **Delecta** versprüht auch heute noch die gemütliche Atmosphäre des Tante-Emma-Ladens, der sie früher einmal war. Heute sitzt man hier am Ofen und genießt ein Glas Wein (große Auswahl) und einen Teller mit Tapas. Unter dem Namen "Les Apéros du Delecta" wird das Wochenende bereits donnerstags eingeläutet, unter anderem von DJs.
lannoystraat 2, telefon: 02 6441949, geöffnet: mo-fr 11.30-0.00, sa 10.00-0.00, so 10.00-22.00, preis: wein 4 €, straßenbahn: 94

(22) Das **Kif Kif** liegt an einem der Seen von Elsene und ist ein kleines Lokal mit einer herrlichen Terrasse direkt am Wasser. In den 1950er-Jahren diente das Gebäude als Tankstelle und gehörte zum dahinterliegenden Hochhaus, das vom Brüsseler Modernisten Cuisinier entworfen wurde. Innen wird der Retrostil mit orientalischen Akzenten untermalt, die marokkanische Küche ist mit israelischen und libanesischen Einflüssen durchsetzt. Es gibt verschiedene *kifs* (kleine Häppchen) als Hauptspeise, und zum Nachtisch Süßes von einem bekannten algerischen Patissier in Paris – einfach köstlich!
biarritzsquare 1, telefon: 02 6441810, geöffnet: täglich 11.00-15.00 & 18.00-23.00, preis: 15 €, straßenbahn: 81, bus: 71

(23) **La Meilleure Jeunesse** bedeutet "die beste Jugend". Ein erstaunlicher Name in Anbetracht der eher nostalgischen Einrichtung. Das Restaurant hat eine schöne Terrasse und eine Küche, die neben wallonischen Spezialitäten auch Gerichte aus aller Welt präsentiert.
dageraadstraat 58, www.lameilleurejeunesse.be, telefon: 02 6402394, geöffnet: täglich 12.00-15.00 & 19.00-0.00, preis: mittagessen 10 €, abendessen 20 €, straßenbahn: 94

㉕ Im **Café de la Presse** gibt es für jeden etwas: Studenten schätzen den kostenlosen Internetzugang beim Kaffeetrinken, Kinder die Spiele und Geschäftsleute die große Zeitungsauswahl als Begleitung zum Mittagessen. Hier werden neben Bagels auch Suppen, Nudelgerichte und Sandwiches serviert und ab 16 Uhr hausgemachte Torten und Kuchen.

louizalaan 493, www.cafedelapresse.be, telefon: 02 6444803, geöffnet: mo-fr 7.30-19.00, sa-so 8.30-19.00, preis: mittagessen 8 €, straßenbahn: 94

㉙ Das **Café Belga** im Erdgeschoss des Flageygebouw (Maison de la Radio) ist das Stammlokal der ganzen Nachbarschaft. In dem angenehm großen Raum mit hohen Fenstern sowie auf der Terrasse kann man zu jeder Tageszeit etwas essen und trinken. Freitags werden die Tische beiseitegeschoben und die Fläche den Tänzern überlassen.

flageyplein 18, www.cafebelga.be, telefon: 02 6403508, geöffnet: so-do 8.00-2.00, fr-sa 8.00-3.00, preis: getränk 2 €, straßenbahn: 81, bus: 71

㉜ Die "Supermädels" von **Les Super Filles du Tram** sind zwei junge Mütter, die sich der Vielfalt verschrieben haben: Neben biologischen und vegetarischen Hamburgern tischen sie Salate und Sandwiches auf, bieten Picknickkörbe für ein Freiluftfrühstück und stellen sonntags ein Brunchbuffet auf die Beine.

lesbroussartstraat 22, www.superfillesdutram.com, telefon: 02 6484660, geöffnet: mo-fr 12.00-15.00 & 18.00-23.00, sa 12.00-23.00, so 11.00-17.00, preis: mittagessen & picknick 13 €, brunch 20 €, straßenbahn: 81

㉝ Nicolas Darnouguilhem, Inhaber und Küchenchef des Restaurants **Neptune**, experimentiert gern. Sein Lokal ist vermutlich das Beste, was die "Bistronomie" zu bieten hat. Eine Speisekarte sucht man in diesem winzigen Restaurant (mit offener Küche) vergeblich – es gibt nur Tagesmenüs. Lassen Sie sich überraschen.

lesbroussartstraat 48, www.neptuneresto.com, telefon: 0489 303350, geöffnet: mi-sa 12.00-14.00 & 19.00-22.00, preis: mittagessen (3 gänge) 25 €, abendessen (mehrere gänge) 43 €, straßenbahn: 81

CAFÉ BELGA ㉙

㉞ Die Weinbar **Le Petit Canon** hat den Apéro zur Kunst erhoben. Hier kann man nach Herzenslust Weine probieren und währenddessen *mises en bouches* (Fingerfood) genießen.
lesbroussartstraat 91, telefon: 02 6403834, geöffnet: mo-sa 11.00-21.00, preis: 5 €, straßenbahn: 81

Shoppen

③ **Zao Deco** befindet sich am westlichen Ende der belebten Baljuwstraat und ist ein Eldorado für Liebhaber schöner Dinge. In diesem netten Laden sind die Produkte thematisch sortiert und somit leicht auffindbar.
baljuwstraat 96, www.zaodeco.be, telefon: 02 5343832, geöffnet: mo-sa 10.30-18.30, straßenbahn: 81

④ "Gelieve uw gsm uit te schakelen" (bitte Handys ausschalten!) heißt es an der Tür von **La Peinture Fraîche**. Die auf Architektur-, Kunst- und Design-bücher spezialisierte Buchhandlung ist eine Oase der Ruhe, in der man mühelos stundenlang schmökern kann.
notarisstraat 10, telefon: 02 5371105, geöffnet: do-sa 10.30-19.00, straßen-bahn: 81

⑤ Ihre Kids sind den Kleidern schon wieder entwachsen oder hätten so gern neue Spielsachen? Dann ab ins **Boucle d'Or**. Hier gibt es Kleidung, Stühle, Bilder- und Lesebücher und einiges mehr für Kinder bis zehn Jahre. Besonderheit: Die Einrichtung besteht vollständig aus Abbruchmaterial.
notarisstraat 12, boucledorbruxelles.blogspot.com, telefon: 02 6499639, geöffnet: di-sa 11.00-18.00, straßenbahn: 81

⑥ Natürlich braucht man die Wohn- und Modeaccessoires sowie den Design-Schnickschnack von **Rose** nicht unbedingt zum Leben. Freude machen diese Dinge aber trotzdem. Auffallend ist hier auch die Ordnung: Alles ist farblich sortiert. Auch bei **My Table** (*www.mytableshop.be*) direkt gegenüber sollte man unbedingt mal vorbeischauen. Das Angebot ist ebenso begeisternd, nur beschränkt man sich hier auf schöne Dinge für den Tisch.
waterleidingsstraat 56-58, www.roseshop.be, telefon: 02 5349808, geöffnet: mo 10.30-18.00, di-sa 10.30-18.30, straßenbahn: 81

⑧ Liebhaber von handgefertigten Papierwaren mit Reliefdruck werden sich in **Le Typographe** verlieben. Für den Druck der Papiere in der eigenen Druckerei werden teils noch original Heidelberg-Druckmaschinen verwendet.
amerikaanse straat 67, www.typographe.be, telefon: 02 3451676, geöffnet: mo-sa 11.30-18.00, straßenbahn: 81

(9) Anne-Catherine verkauft nur Dinge, die sie selbst schön findet. **Mon Amour** (Mein Schatz) ist ein sehr passender Name für dieses Schmuckkästchen voller Accessoires, Parfüms, Mode, Deko, Artwork, Retro-Möbel und vielem mehr. *edelknaapstraat 36, telefon: 02 5377031, geöffnet: mo-sa 11.00-18.30, straßenbahn: 81*

(10) Bei **Septante Sept** dreht sich alles um Design, Kleidung und Accessoires *made in Belgium*. Käuflich ist hier alles, sowohl die ausgestellten *pièces uniques* als auch die limitierten Kollektionen. Dank der Zusammenarbeit mit Designern, Grafikern und Künstlern können Sie hier auch Maßgeschneidertes bestellen. *edelknaapstraat 77, www.septantesept.be, telefon: 0484 746880, geöffnet: di-sa 11.00-19.00, straßenbahn: 81*

(11) Unter dem Motto "unbekannt, unverlangt" bietet Elena Barenghi mit Vorliebe unkonventionelle Kleidung und Einrichtungsgegenstände wenig bekannter Marken und Designer wie Forte Forte und Laurence Deweer an. Bei der Kollektionsauswahl für **em72** lässt sie sich von ihren vielen Reisen inspirieren.
edelknaapstraat 72, www.em72.be, telefon: 02 5388116, geöffnet: di-fr 11.30-18.30, sa 11.00-19.00, straßenbahn: 81

(14) **Spullenhulp** (fr. Les Petits Riens) hat einfach alles: Gebrauchtmöbel, Waschmaschinen, Bücher und Krimskrams. In der gleichen Straße befinden sich auch noch die Ableger **Retro Paradise** und **Baby Paradise**. Die Erlöse werden in Projekte zur lokalen Armutsbekämpfung gesteckt, die Mitarbeiter stammen aus Wiedereingliederungsprojekten.
amerikaanse straat 101, www.lespetitsriens.be, telefon: 02 5373026, geöffnet: mo-sa 12.00-17.30, straßenbahn: 81

(20) Die japanische Gemeinschaft Brüssels kauft bei **Tagawa** ein. In diesem sympathischen kleinen Lebensmittelladen findet man in den Regalen Miso-paste, *wakame* (getrocknetes Seegras), Panko für Tempura und vieles mehr. Die Stammkunden haben es vor allem auf den frischen Fisch abgesehen, der entweder zu Sushi verarbeitet oder auf Wunsch als Filet erhältlich ist – falls man zu Hause selbst Sushi zubereiten will.
vleurgatsesteenweg 119, www.tagawa.eu, telefon: 02 6485911, geöffnet: mo-sa 10.00-19.00, straßenbahn: 94

(24) In der Galerie **Diito** gibt es drei Etagen voller Design zu entdecken. Die Inhaber, zwei Architekten und ein Innenarchitekt, bürgen mit ihrem Namen für die Qualität der angebotenen Produkte. Die Preise bewegen sich zwischen sehr erschwinglich und sehr teuer. Nur mal schauen kostet zum Glück nichts.
dageraadstraat 62, www.diito.be, telefon: 02 6461610, geöffnet: di-sa 10.30-18.30, straßenbahn: 94

100% there

(16) In dem schicken Kastelein-Viertel (Quartier Châtelain), in dem viele junge Europäer wohnen, gilt der Mittwoch als Höhepunkt der Woche. Dann findet am schönen **Kasteleinsplein** (Place du Châtelain) ein **Biomarkt** statt, auf dem außer Obst und Gemüse auch hausgemachte Leckereien angeboten werden. Gegen 17 Uhr geht der Markt nahtlos in ein Apéro-Fest über: Die Kaufleute kredenzen Wein und Austern, und junge Leute bevölkern die Terrassen oder lassen sich auf den Grünflächen mit einem *pintje* (Pils) nieder. Direkt am Platz und ringsherum befinden sich auch zahlreiche Restaurants. Wer eine Jazz-Session erleben möchte, sollte im Café Chat-Pitre (Notarisstraat/Rue du Tabellion 1) vorbeischauen.

kasteleinsplein, geöffnet: mi 13.00-19.30, straßenbahn: 81

(26) Das **Ter Kamerenbos** (Bois de la Cambre) ist ein idyllischer, am Stadtrand gelegener Wald. Er schließt direkt an den riesigen Zonienwald an, der von den drei Regionen Belgiens (Brüssel, Flandern und Wallonien) verwaltet wird. Hier kann man wunderbar spazieren gehen und auch herrlich essen, zum Beispiel im **Chalet Robinson** (*www.chaletrobinson.be*), gelegen auf einer Insel inmitten eines Sees, oder im Restaurant **The Wood** (*www.thewood.be*). Für Liebhaber avantgardistischer Bühnenstücke empfiehlt sich ein Besuch des **Théâtre de Poche** (*www.poche.be*).

kreuzung louizalaan und ter kamerenlaan, straßenbahn: 94

(27) Die historische, von einem öffentlich zugänglichen Park in französischem Stil umgebene **Abdij Ter Kameren** (Abbaye de la Cambre) ist ein wunderschönes Fleckchen Erde. Der ideale Ort für einen Spaziergang, eine kurze Pause oder um ein Buch zu lesen. Die um 1200 von der Benediktinerin Giséle gestiftete Abtei war während diverser Religionskriege immer wieder Opfer von Zerstörungen, befindet sich aber inzwischen in einem guten Zustand. Heute sind im ehemaligen Zisterzienserkloster das Nationale Geographische Institut und die Nationale Hochschule für Bildende Künste untergebracht.

émile duraylaan 11, telefon: 02 6481121, geöffnet: mo-fr 9.00-12.00 & 15.00-18.00, sa 15.00-18.00, so 8.00-12.30 & 15.00-18.00, katholische feiertage 9.00-12.00, eintritt: frei, straßenbahn: 94, bus: 71

BIOMARKT AM KASTELEINSPLEIN ⑯

(28) Sich selbst und die Welt verstehen lernen – darum geht es in den Work-shops und bei den anderen Aktivitäten des **Kindermuseums** (Musée des Enfants). Es gibt verschiedene, teilweise interaktive Ausstellungen, bei denen die Kinder mit Farben experimentieren, China entdecken oder den Blutkreislauf näher betrachten können. Außerdem können sie als Schauspieler agieren und einen Märchenhelden spielen.

burgemeesterstraat 15, www.kindermuseum.be, telefon: 02 6400107, geöffnet: mi & sa-so 14.30-17.00, während schulferien täglich 14.30-17.00, eintritt: 7,50 €, bis 3 jahre frei, bus: 71

(30) Die Gegend in der Nähe der schönen Seen von Elsene (Ixelles) ist ein sehr beliebter Wohnort. Treffpunkt der Einheimischen ist der **Flageyplein** (Place Flagey). Dieser Platz wird vom **Flageygebouw** (Maison de la Radio), einem 1933 errichteten Bauwerk im Art-déco-Stil, überragt. Das einstige Rundfunkgebäude, in dem eines der berühmtesten Hörfunkstudios Europas untergebracht war, ist heute ein Kulturzentrum. Hier werden ganzjährig Filme gezeigt, und es finden Konzerte und Diskussionen statt. Mitten auf dem Platz steht **Frit Flagey**, für viele die beste Pommesbude Brüssels.

flageyplein, straßenbahn: 81, bus: 71

(35) Wer schon immer mal sein Geschirr selbst bemalen wollte, sollte einen Platz im **C.ramic Art Café** reservieren. Hier kann man mit seinen Lieblings-farben eines von 250 verschiedenen Modellen (vom Frühstücksbecher bis zur Kaffeetasse) bemalen. Allerdings kann man das Ergebnis erst ein paar Tage später abholen, da es noch gebrannt werden muss. Ein Frühstück oder Mittag-essen ist im Preis enthalten. Vor allem mit Kindern ein großes Vergnügen!

lesbroussartstraat 112, www.cramic.be, telefon: 02 6484872, geöffnet: mi & fr 14.00-19.00, do 14.00-23.00, sa-so 10.00-18.00, preis: frühstück + workshop 10 €, mittagessen + workshop 15 € (+ preis geschirr), straßenbahn: 81

Elsene (Ixelles)

Architekturfans beginnen bei Maison Tassel (1), Café- und Shoppingfans in der Baljuwstraat (zwei Mal rechts) (2) (3). Danach geht es links weiter Richtung Kirche (4) (5) (6). Das Horta-Museum (7) in der Amerikaanse Straat ist ein Muss für alle. Zurückgehen und geradeaus an Le Typographe (8) vorbei, bevor Sie rechts in die Edelknaapstraat hippe Läden (9) (10) (11) und ein nostalgisches Restaurant (12) besuchen. Erneut zurückgehen, rechts und wieder links abbiegen, um im New-York-Stil zu Mittag zu essen (13). Hier finden Sie links einen riesigen Secondhandladen (14) und Fastfood der Extraklasse (15). Von hier geht es rechts Richtung Kasteleinsplein mit vielen Lokalen und dem Markt (16). Richtung Louizalaan weitergehen, diese überqueren, rechts abbiegen, am Hotel Solvay vorbei (17). Weitergehen und bei La Truffe Noire (18) oder Kokuban (19), links um der Ecke, einkehren. Zurückgehen, gleich rechts abbiegen, um dem nächsten Vertreter Japans zu begegnen (20). Dem Vleurgatsesteenweg hinunter folgen und dann rechts in die Lannoystraat einbiegen, um Wein und Tapas (21) oder Kifs (22) zu kosten. Rechts an den Seen von Elsene entlang flanieren und am Ende schräg rechts in die Dageraadstraat einbiegen. Hier können Sie etwas essen (23) oder Design kaufen (24). Erneut die Louizalaan überqueren und links abbiegen, um ein Mittagessen oder Kaffee mit Kuchen (25) zu genießen. Nach einem kurzen Rundgang durch den Ter Kamerenbos (26) den Park durch den Ausgang an der Franklin Rooseveltlaan, einer Allee mit vielen Botschaften und Konsulaten, verlassen. Links in die Allee einbiegen und dieser bis zum herrlichen Park der Abdij ter Kameren (27) folgen. Den Park bewundern und gegenüber verlassen. Wer das Kindermuseum (28) besuchen will, sollte hier rechts in die Geo Bernierlaan einbiegen. Ansonsten geradeaus an den Seen von Elsene vorbeigehen, um im Café Belga (29) am Flageyplein (30) eine Pause einzulegen. Kunstfans durchqueren die Malibranstraat, biegen links in die Maesstraat ein, um rechts das Museum von Elsene zu besuchen (31). Durch die Jean van Volsemstraat zurückgehen, links in den Elsensesteenweg einbiegen und am Flageyplein rechts gehen, um ein "Super Picknick" (32) einzukaufen, "bistronomisch" gut zu essen (33) oder einen Aperitif zu trinken (34). Etwas weiter in der Straße befindet sich das C.ramic Art Café (35) – für Kreative, die den Tag mit Malen ausklingen lassen wollen.

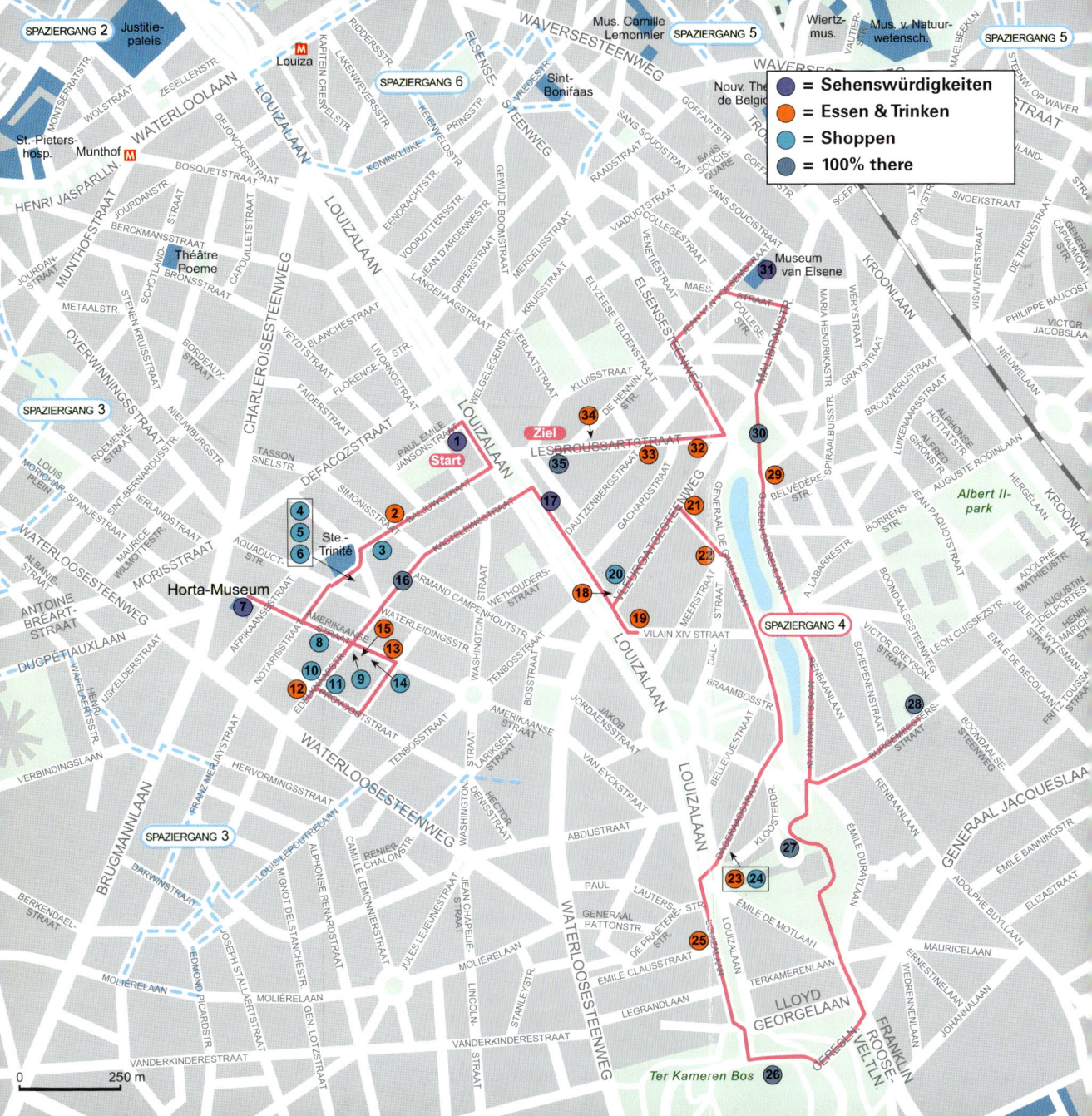

Europaviertel & die Squares

Eurokraten, schöne Plätze und internationale Küche

Brüssel ist mehr als nur die Hauptstadt Belgiens und Flanderns. Auch die wichtigsten Organe der Europäischen Union und der NATO haben hier ihren Sitz. Die Folge: eine Parallelgesellschaft von schätzungsweise 100.000 Expats, die sich vor allem im eigenen Dunstkreis bewegen und sich kaum oder gar nicht integrieren.

Durch diese Welt, die sich auf das Leopold-Viertel, den Schumanplatz, die Squares und Merode erstreckt, führt der Spaziergang. Man kommt vorbei an den Gebäuden verschiedener europäischer Institutionen – Parlament, Rat und Kommission –, in denen die sogenannten Eurokraten arbeiten, sowie an den Parks, Cafés, Läden und Restaurants, in denen sie einen Teil ihrer Freizeit verbringen. Wen wundert es, dass die Häuser, in denen die gut bezahlten "Wahlbelgier auf Zeit" wohnen, sehr prachtvoll sind, ja teils zu den schönsten Art-nouveau-Bauwerken der Stadt gehören. Besuchen Sie das Europaviertel an einem Wochentag, es sei denn, Sie wollen mal eine Geisterstadt erleben.

5

Wer nun aber glaubt, dass das Europaviertel ziemlich langweilig ist, der irrt. Der Luxemburgplein – "La Place Lux" im Sprachduktus der Eurokraten – hat für durstige und ausgehfreudige Expats die gleiche Bedeutung wie der Sint-Goriksplein (Place Saint-Géry) für die einheimische Bevölkerung. Jeden Abend, vor allem aber donnerstags, wird der Platz von Kommissionsmitarbeitern, Parlamentsmitgliedern, Praktikanten, Journalisten, Übersetzern, Dolmetschern und Lobbyisten bevölkert. Wer seine Sprachkenntnisse erweitern will, ist hier genau richtig.

Die enorme Nationalitätenvielfalt hat auch gastronomische Vorteile. Im Europaviertel gibt es einfach alles – vom französischen Frühstück über italienischen Aperitivo bis hin zu Pommes aus Belgien. Für Liebhaber ausgiebiger Shoppingtouren ist dieses Viertel jedoch weniger interessant. Denn das Angebot besteht vor allem aus Delikatessengeschäften – allerdings sehr guten.

6 Insider-Tipps

Chez Gaston

Burger mit Pommes
genießen – so wie es
sich gehört.

Europäisches
Parlament

Einer Audiotour
folgen und alles
hautnah erleben.

Museum für
Naturwissenschaften

Die schönste Dino-
Sammlung der Welt
bewundern.

Cinquantenairepark

Museen besuchen und
zwischen Eurokraten
verweilen.

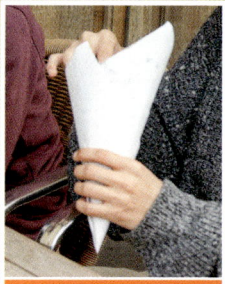

Maison Antoine

Das Geheimrezept der
berümten Pommesbude
ergründen.

Thé 14

Wohlduftenden Tee
und dazu passendes
Service kaufen.

● Sehenswürdigkeiten   ● Essen & Trinken
● Shoppen   ● 100% there

Sehenswürdigkeiten

(9) Das **Van-Eetvelde-Haus** wurde zwischen 1895 und 1897 im Auftrag des Generalgouverneurs von Belgisch-Kongo erbaut und für offizielle Anlässe genutzt. Wie in seinen anderen Art-nouveau-Entwürfen stellte der Architekt Victor Horta auch hier die Wirkung von Raum, Licht und Farbe in den Mittelpunkt. Er kombinierte sichtbare Metallstrukturen mit Materialen wie Onyx und Mahagoniholz aus dem Kongo. Das Haus kann besichtigt werden, allerdings nur im Rahmen einer Führung des Atelier de Recherche et d'Action Urbaines (ARAU). Das Gebäude an der Ecke (Hausnummer 2) wurde ebenfalls von Horta entworfen.

palmerstonlaan 4, www.arau.org, telefon: 02 2193345, u-bahn: schuman

(10) Der Inhaber der Kristallfabrik Val Saint-Lambert beauftragte den Bau des **Deprez-Van-de-Velde-Hauses**, das 1896 nach Plänen von Victor Horta erbaut wurde. Unter einem neuen Eigentümer wurde das Haus 1910 grundlegend umgestaltet, und auch 1963 fand ein tiefgreifender Umbau statt. Heute steht das Art-nouveau-Gebäude mit seinen schönen, klassischen Formen unter Denkmalschutz.

palmerstonlaan 3, nicht öffentlich zugänglich, u-bahn: schuman

(12) In diesem Viertel stammen auch einige Wohnhäuser im Art-nouveau-Stil von Gustave Strauven, einem Lehrling Victor Hortas. Eines seiner ersten Projekte war das **Van-Dijck-Haus**, ein Gebäude mit grandiosen, schmiedeeisernen Balkonen voller Blumenmotive sowie einer geteilten Fassade mit zwei völlig verschiedenen Hälften.

clovislaan 85-87, nicht öffentlich zugänglich, u-bahn: madou

(13) Das **Saint-Cyr-Haus**, das Gustave Strauven 1903 für den Maler Georges de Saint-Cyr entwarf, ist nicht zu übersehen. Denn die Fassade ist opulent mit Schmiedearbeiten und Holzverzierungen gestaltet – eine Perle des Art nouveau. Die schmale Fassade wird von einem riesigen Ochsenauge (rundes Fenster) gekrönt, das eine schöne Aussicht auf den Park Ambiorix-Square bietet.

ambiorixsquare 11, nicht öffentlich zugänglich, u-bahn: schuman

⑰ **Berlaymont** ist die Schaltzentrale der Europäischen Kommission, der Hüterin über Verträge und Gesetze des vereinten Europas. Die X-förmige Anlage ist öffentlich zugänglich, allerdings nur für Gruppen sowie nach Voranmeldung (ein entsprechendes Formular gibt es auf der Website der Kommission). Wer auf Nummer sicher gehen will, sollte die Anfrage mindestens zehn Wochen im Voraus einreichen.
wetstraat 200, ec.europa.eu/visits/index_de.htm, geöffnet: während bürozeiten, eintritt: frei, u-bahn: schuman

(20) Der 1899 errichtete **Horta-Lambeaux-Pavillon** beherbergt das berühmte Marmorrelief *De Menselijke Driften* des bekannten belgischen Künstlers Jef Lambeaux. Dieser ließ jedoch den kleinen, vom noch jungen Victor Horta entworfenen Tempel schnell wieder schließen, da ihm die Lichtverhältnisse für sein Werk nicht geeignet erschienen. 1967 übergab König Baudouin I. nicht nur ein angrenzendes Gebäude in Erbpacht an Saudi-Arabien (heute die Große Moschee), sondern erstaunlicherweise auch Hortas Pavillon. Böse Zungen behaupten, der König hegte den Wunsch, die Saudis würden das anstößige Relief verschwinden lassen. Zum Glück wurde dies rechtzeitig von der örtlichen Denkmalbehörde verhindert. Und wenn alles nach Plan verläuft, wird der etwas heruntergekommene Pavillon in Kürze wieder in altem Glanz erstrahlen.
jubelpark, telefon: 02 7417211, geöffnet: di-fr 9.30-17.00, sa-so 10.00-17.00, eintritt: 4 €, u-bahn: mérode oder schuman

(21) Beiderseits des Triumphbogens im Cinquantenairepark (Jubelpark) befindet sich ein Säulengang, der das Siegestor mit Gebäuden verbindet, in denen einige Museen untergebracht sind. In den riesigen **Königlichen Museen für Kunst und Geschichte** zum Beispiel gibt es einige sehr imposante archäologische, ethnologische und kunsthandwerkliche Sammlungen zu bestaunen. Etwas angestaubt wirkt das **Armeemuseum** (*www.klm-mra.be*), in dem der Unab-hängigkeitskampf Belgiens erläutert wird und Schützengräben nachgebaut wurden. Das **Autoworld** (*www.autoworld.be*) beherbergt eine der schönsten Sammlungen an Oldtimern und Retro-Modellen, vom Renault GP 1906 bis zum Austin Healy MKII. An der Rückseite befindet sich der sogenannte **Afgietselwerkplaats**, wo Spezialisten seit dem 19. Jahrhundert Kopien von bekannten Statuen und Skulpturen aus aller Welt anfertigen. Wochentags (außer montags) kann man ihnen über die Schulter schauen und die Lagerhalle besichtigen. Wer will, kann auch ein Abbild von sich selbst anfertigen lassen, für das man allerdings tief in die Tasche greifen muss.
cinquantenairepark, www.kmkg-mrah.be, telefon: 02 7417211, geöffnet: museum di-fr 9.30-17.00, sa-so 10.00-17.00, eintritt: museum 5 €, u-bahn: merode & schuman

(26) Paul Cauchie war Grafiker, Architekt und Kunstmaler, aber vor allem der Meister des Sgraffito, der Kratzputztechnik. Hierbei wird in frischen, aus verschiedenen farbigen Schichten bestehenden Putz eine Zeichnung eingekratzt. Die Fassade seines Wohnhauses, des **Cauchie-Hauses**, das Cauchie 1905 selbst entwarf, ist ein riesiges Art-nouveau-Sgraffito einer olympischen Szene, in der "die Künste" personifiziert wurden.

frankenstraat 5, www.cauchie.be, telefon: 02 7338684, geöffnet: erstes wochenende im monat 11.00-13.00 & 14.00-18.00, oder nach vereinbarung, eintritt: 5 €, u-bahn: mérode

(27) Im **Justus-Lipsius-Gebäude**, das nach dem flämischen Philologen und Humanisten aus dem 16. Jahrhundert benannt wurde, tagt der Rat der EU, die jeweiligen Minister der 27 Mitgliedstaaten. Im Foyer des Gebäudes, das öffentlich zugänglich ist, befindet sich ein Kunstwerk desjenigen Mitgliedstaates, welches im halbjährlichen Turnus den Ratsvorsitz innehat.

wetstraat 175, telefon: 02 2996111, geöffnet: besucherzentrum geöffnet mo-fr 9.00-17.00, eintritt: frei, u-bahn: schuman

(31) Im **Museum für Naturwissenschaften** erfährt man alles über Säugetiere, Vögel, Wirbellose, Meeresbewohner, Insekten, Fossilien und Mineralien. Die größte Attraktion aber sind die Dinosaurier, von denen die Iguanodon-Skelette von Bernissart den absoluten Höhepunkt darstellen. Die 30 vollständigen Skelette wurden 1878 in einer Steinkohlengrube in der belgischen Provinz Hennegau entdeckt und sind 135 Millionen Jahre alt.

vautierstraat 29, www.natuurwetenschappen.be/museum, telefon: 02 6274238, geöffnet: di-fr 9.30-16.45, sa-so 10.00-17.00, eintritt: 7 €, bus: 27 & 38

(32) Der Bau des einstigen Wohnhaus-Ateliers des belgischen Malers, Autors und Bildhauers Antoine Wiertz (1806–1865) wurde mit Steuergeldern finanziert. Im Gegenzug musste der Maler dem Staat sieben großformatige Gemälde überlassen. Heute beherbergt das Haus das **Wiertz-Museum**, in dem unter anderem *De Zelfmoord* und *Overhaaste Begrafenis* zu bewundern sind.

vautierstraat 62, www.fine-arts-museum.be, telefon: 02 5083211, geöffnet: di-fr 10.00-12.00 & 13.00-17.00, am wochenende nur geöffnet für gruppen oder nach vereinbarung, eintritt: frei, bus: 27 & 38

BERLAYMONT ⑰

③③ Die stahlgrauen Gebäude des **Europäischen Parlaments** wurden 1999 eingeweiht und zehn Jahre später bereits großflächig umgebaut. Obwohl sich die Parlamentsarbeit zusehends nach Brüssel verlagert hat, werden die monatlichen Plenarsitzungen des Parlaments noch immer in Straßburg abgehalten – was jedes Mal eine wahre Volkswanderung auslöst. Wer eine Führung wünscht, hat zwei Möglichkeiten: Entweder kontaktieren Sie ein Parlamentsmitglied aus Ihrer Heimat, oder Sie melden sich beim Besucherzentrum (an der Wiertzstraat) für eine offizielle Führung an.
wiertzstraat, www.europarl.europa.eu, telefon: 02 2842111, geöffnet: führungen: mo-do 10.00 & 15.00, eintritt: frei, bus: 27 & 38

Essen & Trinken

② Viele halten das Frühstück von **Tout Bon** für das beste der Stadt: hausgemachtes Brot, eine Vielzahl an Marmeladen, Honig und andere Aufstriche, und das alles mit Blick auf das Europäische Parlament. Wer zu Hause weitergenießen möchte, kann all diese herrlichen Sachen auch kaufen.
luxemburgplein 68, www.toutbon.be, telefon: 02 2304244, geöffnet: mo-fr 7.00-20.00, sa-so 7.00-17.00, preis: brötchen 5-10 €, bus: 27 & 38

③ **El Vergel** (wird ausgesprochen wie "El Verhell") ist der Sammelbegriff für Gärten und Obstanlagen im milden lateinamerikanischen Klima, wo das Obst saftig und das Gemüse schmackhaft ist. Die Gerichte im gleichnamigen Restaurant sind ebenfalls lateinamerikanischer Natur, jedoch mit einem mediterranen Touch. Das Frühstück ist köstlich und am Donnerstag gibt es einen Cocktailabend.
troonstraat 39, telefon: 02 5026930, geöffnet: mo-fr 8.00-15.00, do 8.00-15.00 & 18.00-22.30, preis: 8 €, u-bahn: troon

④ Im **Chez Gaston** werden zwar auch Salate, Sandwiches und Nudelgerichte angeboten, die meisten Stammkunden kommen jedoch wegen der Hamburger. Und natürlich wegen der Pommes, die in kleinen Blumentöpfen serviert werden. Essen in einer gemütlichen, farbenfrohen Umgebung – was will man mehr.
troonstraat 139, telefon: 02 5020858, geöffnet: mo-fr 12.00-14.30, preis: 14 €, u-bahn: troon

⑤ **L'Horloge du Sud** bringt einen Hauch von Afrika nach Brüssel. Hier werden westafrikanische und kongolesische Spezialitäten wie *yassa, moambe* oder *maafé* serviert. Für Experimentierfreudige bietet die Speisekarte sogar Gerichte mit Krokodilfleisch an. Kulturelle Veranstaltungen, in denen Afrika im Mittelpunkt steht, bringen Gästen den südlichen Kontinent noch etwas näher.
troonstraat 141, www.horlogedusud.be, telefon: 02 5121864, geöffnet: mo-fr 11.00-15.00 & 18.00-0.00, sa 18.00-0.00, preis: 12 €, u-bahn: troon

Burgers

le Classic . 250gr boeuf, sauce barbecue
cheddar, oignons, salade tomates

le Big Joe . 250gr bf, sauce poivre
bacon, cheddar, oignons, salade, tomates

le Baba . 250gr bf, sauce béarnaise .
oignons, salade, tomates

le Cocotte . Filet de Poulet grillé, .
mater bacon, sauce barbecue oignons, salade,

Le Tout fait maison avec Amour!

* Magret de Canard à l'Orange
salade Mixte, Pommes au four 13€

€/ Soupe du Jour = 12€
+ /55 take away

(6) An Regentagen ist das **Karsmakers Coffee House** der perfekte Ort für eine heiße Tasse Kaffee. Und wenn die Sonne scheint, können Sie Ihre tägliche Dosis Koffein draußen auf der Terrasse genießen. Wer keinen Kaffee mag, der bekommt zu Brötchen, Kuchen oder Bagel auch einen frisch gepressten Fruchtsaft oder Smoothie.

trierstraat 20, www.karsmakers.be, telefon: 02 5020226, geöffnet: mo-sa 7.00-18.00, so 10.00-16.00, preis: kaffee ab 2 €, bus: 27 & 38

(7) Laut eigener Aussage ist das **Wet89** ein "Weltsalon für jeden und für alle Geschmäcker". Ob Frühstück, Mittagessen oder Nachmittagssnack, alles wird frisch und aus biologischen Zutaten der Saison zubereitet. Die geschmack-volle, moderne Einrichtung ist das Werk des Brüsseler Architekturbüros 51N4E. Kurz: eine prima Location, um Zeitung zu lesen und drahtlos zu surfen – ungeachtet dessen, ob man die politische Überzeugung der im Stockwerk darüber residierenden Partei teilt.

wetstraat 89, telefon: 02 2383801, geöffnet: mo-fr 7.30-17.00, preis: mittag-essen: 8 €, u-bahn: maalbeek

(11) Im **La Bonne Humeur** hat sich in den letzten 50 Jahren nichts verändert. Das Lokal wirkt wie eine Pommesbude – und riecht auch so. Dennoch ist es in Brüssel en vogue, hier Muscheln mit Pommes zu essen. Und wer Krusten-tiere nicht leiden kann, hat die Wahl zwischen Pferdesteak, Sauerkraut und *paling in het groen* (Aal mit Kräutersoße). Nur das Reservieren sollte man nicht vergessen.

leuvensesteenweg 244, www.labonnehumeur.be, telefon: 02 2307169, geöffnet: täglich 12.00-14.30 & 18.30-22.00, u-bahn: madou

(14) In der Brasserie **STEAKfrit** gibt es Klassiker wie *bouchée à la reine Fabiola* oder irisches Filet. Nichts Besonderes? Doch, denn die *repasse* – also der Nachschlag Pommes, *stoemp* (Eintopf) und Fleisch – sind im Preis enthalten. Dieses Konzept hat so gut eingeschlagen, dass Brüssel bereits um drei Filialen reicher ist.

archimedesstraat 65, telefon: 02 5143710, geöffnet: täglich 12.00-14.30 & 18.00-23.00, preis: 18 €, u-bahn: schuman

CHEZ GASTON ④

STARTERS

SALADS   15€
• SALAD, ROASTED VEGETABLES
  (EGGPLANT, PEPPERS, TOMATOES)

• ARUGULA SALAD, CHIPPOLINI, ROASTED
  VEGETABLES, BACON.

* ITALY :

- Vigneti di No
  (SARTORI

Mar
de Ca

(16) Im **Cool Bun** werden Hamburger europäischer Machart serviert. Das heißt: mit überraschenden – überwiegend biologischen – Zutaten, serviert in Brötchen, die vor Ort gebacken wurden. Wie wär's zum Beispiel mit einem Falafel- oder Lobster-Burger? Dazu trinkt man natürlich nicht irgendeine wässrige Limo, sondern ein Glas Wein oder ein Bier aus einer kleinen belgischen Brauerei.

stevinstraat 168, www.cool-bun.be, telefon: 02 5378002, geöffnet: mo ab 18.00, di-sa 12.00-15.00 & ab 18.00, preis: 15 €, u-bahn: schuman

(28) Seit mehr als einem halben Jahrhundert gehört das **Maison Antoine** zu den bekanntesten *frietkotten* (Pommesbuden) der Stadt. Vielleicht wegen des Geschmacks, denn die Pommes werden gleich zwei Mal in Rinderfett frittiert? Oder wegen der authentischen Spitztüte oder der Schmorfleischsoße (ein Klassiker)? Irgendetwas muss es sein, denn nicht umsonst bilden sich hier immer lange Schlangen. Übrigens muss man nicht draußen und im Stehen essen – in einigen benachbarten Lokalen werden die Pommesfreunde gern aufgenommen.

jourdanplein, www.maisonantoine.be, telefon: 02 2305456, geöffnet: so-do 11.30-1.00, fr-sa 11.30-2.00, preis: 2,50 €, u-bahn: schuman, bus: 59, 60 & 80

(29) Im **Mamma Roma** kommen römische Pizzen auf den Tisch. Keine runden, sondern rechteckige *pizza al taglio*, Pizzastücke, die nach Gewicht verkauft werden. Man kann aus sage und schreibe 130 (!) verschiedenen Pizzen wählen. Ideal für den schnellen Hunger zwischendurch, nicht aber für ein romantisches Dinner zu zweit.

jourdanplein 37, www.mammaroma.com, telefon: 02 6406940, geöffnet: so-do 12.00-23.00, fr-sa 12.00-0.00, preis: mittagessen 7,50 €, u-bahn: schuman, bus: 59, 60 & 80

Shoppen

(15) Wie der Name schon vermuten lässt, steht **Thé 14** ganz im Zeichen von Tee. Einfach der Nase nach und den Lieblingstee aus Hunderten Sorten wählen. Dieser Teeladen führt auch das vollständige Sortiment von Kusmi Tea, einem der ältesten und bedeutendsten Teeproduzenten Russlands. Und für eine Teezeremonie zu Hause findet man bestimmt auch ein passendes Service.
archimedesstraat 14, telefon: 02 2306271, geöffnet: mo-do 11.00-18.00, fr 11.00-19.00, u-bahn: schuman

(22) **Fonteyne the Kitchen** ist ein Traiteur mit internationaler Küche: wallonisch, thailändisch, italienisch, amerikanisch, japanisch, indisch ... An der Gästetafel kann man die diversen Spezialitäten des Hauses nach Herzenslust probieren. Noch besser: Picknickkorb zusammenstellen und im Cinquantenairepark ausgiebig genießen.
gerardstraat 107, www.fonteynethekitchen.be, telefon: 02 7340802, geöffnet: täglich 10.00-19.00, u-bahn: merode

(23) Mit Olivenöl kennt man sich bei **L'Huile sur le Feu** aus. Hier gibt es das flüssige Gold in Hülle und Fülle. Außerdem findet man noch vieles mehr für die Zubereitung von köstlichen, mediterranen Gerichten. Keine Rezeptideen? Dann besuchen Sie zur Inspiration das Restaurant im ersten Stock.
linthoutstraat 242, www.lhuilesurlefeu.be, telefon: 02 7349600, geöffnet: mo-sa 10.00-18.00, u-bahn: merode

(24) Wetten, dass Ihnen das Wasser im Munde zusammenläuft, wenn Sie vor dem Käseladen **La Crèmerie des Tongres** stehen? Ob würziger Comté, warmer Ziegenkäse oder weicher Vacherin: der Inhaber berät Sie gern.
stafhouder braffortstraat 7, www.lacremerie.eu, telefon: 02 7334802, geöffnet: mo 14.00-18.45, di-sa 9.30-18.45, u-bahn: merode

(25) In diesem Viertel sind Geschäfte, die allein schon beim Anblick gute Laune machen, eher selten. **Mam'zelle Violette** ist jedoch so eines. Hier findet man niedliche Kindersachen, kunstvolle Dekodinge und farbenfrohe Accessoires.
keltenstraat 24, www.mamzelleviolette.canalblog.com, telefon: 02 7321916, geöffnet: di-sa 11.00-18.30, u-bahn: merode

100% there

(1) Im von Bürotürmen umgebenen Skulpturenpark **Square de Meeûs** steht unter anderem eine Büste des Namensgebers, Ferdinand Meeûs. Der einflussreiche Bankier und Parlamentarier war Mitbegründer und -finanzier des Leopold-Viertels. Machen Sie es den Expats nach und lassen Sie sich mit einem Picknickkorb auf dem Gras oder einer Bank nieder.
square de meeûs, u-bahn: troon

(8) Die sogenannten "**Squares**" sind drei grüne Plätze, die sich kaskaden-förmig an einen Hang schmiegen. Das Ensemble wurde am Ende des 19. Jahrhunderts vom Brüsseler Stadtarchitekten Bordiau entworfen, von dem auch die städtebaulichen Vorschriften für die umliegenden Gebäude mit den malerischen Fassaden stammen. Ganz unten liegt der idyllische Maria-Louiza-square, ein Platz mit großem Weiher, künstlicher Grotte und Wasserfällen. In der Mitte befindet sich der geometrische Ambiorixsquare im französischen Stil und oben der eingezäunte Margaretasquare mit Spiel- und Sportplätzen.
maria-louizasquare, ambiorixsquare, margaretasquare, u-bahn: schuman

(18) Das **Piola Libri** lässt sich schwer umschreiben – vielleicht Buchhandlung-Café-italienische-Lunchbar-Bühne. Literatur in verschiedenen Sprachen ist reichlich vorhanden, das DVD-Sortiment ist italienisch geprägt. Tagsüber ist der Buchladen der ideale Ort zum Lesen und für kleine Kinder zum Spielen. Frühabends füllt sich der Raum, wenn Wein und Häppchen gereicht werden und manchmal Livemusik ertönt.
franklinstraat 66, www.piolalibri.be, telefon: 02 7369391, geöffnet: mo-fr 11.00-20.00, sa 12.00-18.00, preis: mittagessen 14 €, u-bahn: schuman, bus: 12 & 21

(19) König Leopold II. nahm das fünfzigjährige Bestehen Belgiens im Jahre 1880 zum Anlass, den **Cinquantenairepark** (Jubelpark) errichten zu lassen. Es sollte ein Ausstellungspark werden: Neben diversen Museen stehen im Park verschiedene Statuen und Skulpturen. Wer will, kann auch einfach die Seele baumeln lassen und den schönen Triumphbogen mit den Statuen und der Quadriga bewundern, die die (damals) neun belgischen Provinzen darstellen.
ecke blijde inkomstlaan-renaissancelaan, geöffnet: täglich 24 stunden, eintritt: frei, u-bahn: mérode & schuman

㉚ Wenn Sie mal keine Lust auf ein Mittagessen in einer Brasserie oder einem Café haben, dann gehen Sie doch einfach mit einem gut gefüllten Picknickkorb auf die Wiese im **Leopoldpark**. Dieser Park im englischen Stil befindet sich zwischen dem Europäischen Parlament, dem Museum für Naturwissenschaften und dem Jourdanplein (Place Jourdan). Der See ist ein Relikt aus der Zeit, als hier noch das Tal des Flusses Maalbeek existierte. Mit etwas Glück hat die Solvay-Bibliothek geöffnet, dann kann man die schöne eklektizistische Einrichtung betrachten.

leopoldpark, www.bibliothequesolvay.be, telefon: 02 7387596, bus: 27 & 38

Europaviertel & die Squares

Bei der U-Bahn-Station Troon starten und dann in die Luxemburgstraat einbiegen, um im Park zu picknicken (1) oder zu frühstücken (2). Rechts in die Aarlenstraat abbiegen, dann rechts in die Parnassustraat und links in die Carolystraat gehen. Dann nochmals rechts (Troonstraat), um zu El Vergel (3) zu gelangen. Zurückgehen, geradeaus die Troonstraat durchqueren, um einen Hamburger (4) oder afrikanisch zu essen (5). Ein paar Meter zurückgehen und dann rechts in die Idaliestraat einbiegen, um Kaffee zu trinken (6). Ein Stück geradeaus gehen und dann rechts in die Wetstraat abbiegen (7). Danach links die Treppen hinuntergehen und links die Squares umrunden (8). An der Palmerstonlaan gibt es zwei Art-nouveau-Fassaden zu bewundern (9) (10). Zwei Mal links und dann rechts in die John Waterloo Wilson-straat einbiegen. Rechts im Leuvensesteenweg gibt es Muscheln mit Pommes (11) und rechts in der Clovislaan findet man das Haus Van Dijck (12). Ein weiteres herrliches Beispiel des Art nouveau, das Saint-Cyr-Haus (13), findet man am Ende der Straße links. Den Ambiorixsquare überqueren und gegenüber ein klassisches Essen (14), einen Tee (15) oder einen Burger (16) (rechts um die Ecke) genießen. Geradeaus liegt die Schaltzentrale der EU-Kommission (17). Von hier geht es links Richtung Piola Libri (18), dann rechts und wieder rechts an der Moschee vorbei zum Jubelpark (19), wo sich der Horta-Lambeaux-Pavillon befindet (20). Besuchen Sie eines der vielen Museen im Park (21). Den Park gegenüber verlassen und dann links in die Tongerenstraat abbiegen, um kulinarisch einzukaufen (22) (23) (24). Die Tongerenstraat zurückgehen und geradeaus die Keltenlaan durchqueren. Schauen Sie kurz bei Mam'zelle Violette (25) vorbei und biegen Sie rechts ab, um das schöne Cauchie-Haus (26) zu bewundern. Die Galliërslaan über- und den Cinquantenairepark durchqueren. Hinter dem Park in die Wetstraat einbiegen, wo sich links das Gebäude des EU-Rats befindet (27). Dann links in die Froissartstraat abbiegen und diese durchqueren. Am Platz am Ende der Straße befinden sich die Pommesbude Maison Antoine (28), Mamma Roma (29) und andere Restaurants. Zurückgehen und links in den Leopoldpark einbiegen (30). Links halten, um das Museum für Naturwissenschaften (31) oder das Wiertz-Museum (32) zu besuchen. Danach in die Wiertzstraat einbiegen, unter dem Europaparlament (33) hindurchgehen und abschließend am Luxemburgplein einen Aperitif trinken.

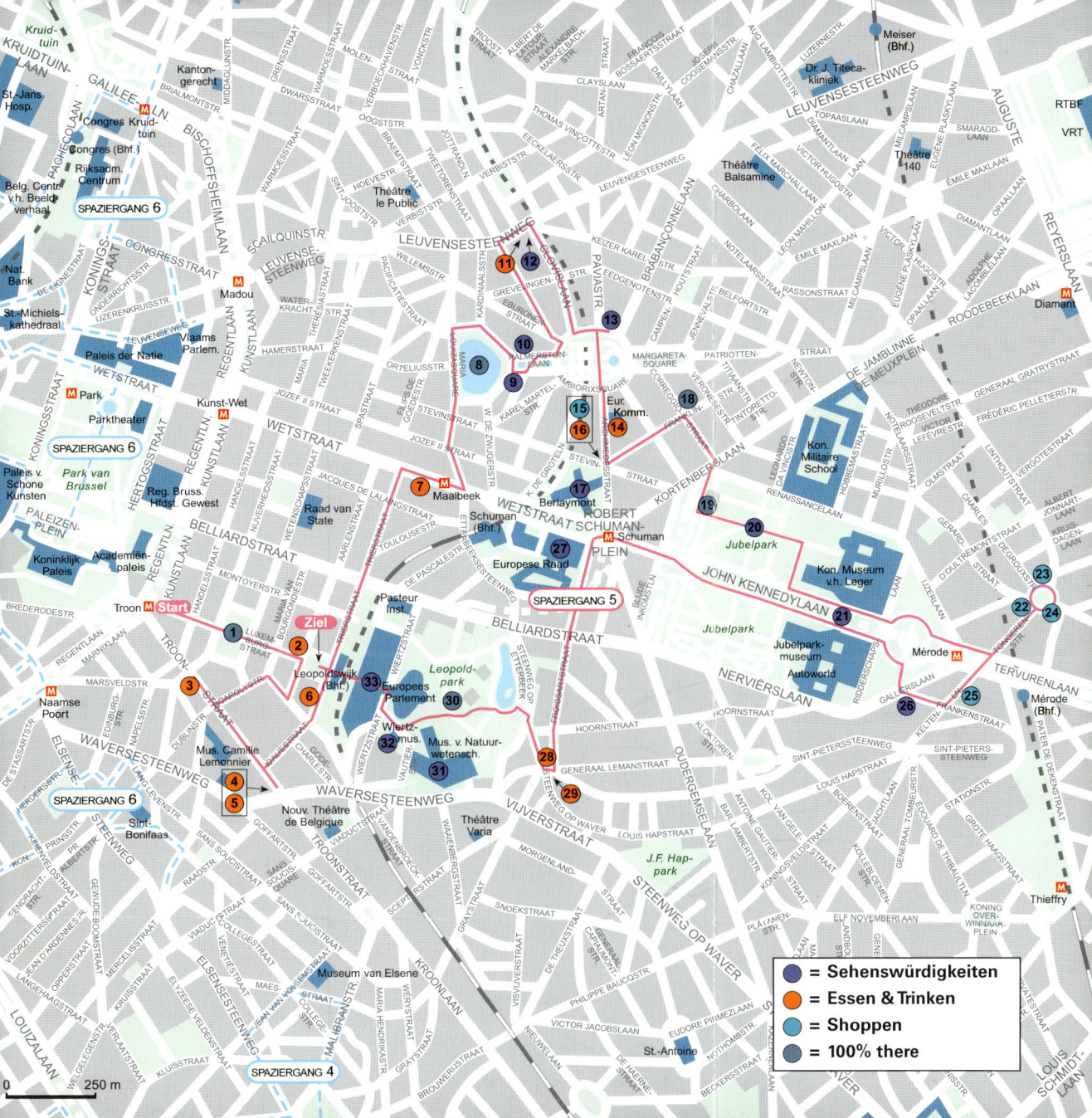

Kunstberg, Matonge & Sint-Bonifaas (Saint-Boniface)

Sightseeing & Museen, afrikanische Rhythmen & köstliches Essen

Wie der Name Kunstberg bereits vermuten lässt, hat dieses Viertel kulturell viel zu bieten. Dieser Teil des Spaziergangs in der Oberstadt schlängelt sich durch die Koningsstraat (Rue Royale), seit jeher das Verwaltungszentrum der Stadt. Geradezu symbolisch ist der Warandepark, der den Königspalast mit den Bauten des Nationalparlaments (Tweede Kamer), des Senats und des flämischen Parlaments verbindet. In diesem Viertel stehen auch Statuen des ersten belgischen Königs Leopold I. und von dessen Sohn und Nachfolger Leopold II., der wegen seiner Kongo-Politik sehr umstritten war.

Draußen und drinnen gibt's viel zu sehen: Allein am Kunstberg befinden sich sieben Museen: Filmmuseum, Musikinstrumentenmuseum, Buchdruckmuseum, Museum der belgischen Geschichte, Museum für Alte Kunst, Museum für Moderne Kunst und Magritte-Museum. Im Letzteren steht der belgische Surrealist im Fokus, der für seine bizarren Gemälde mit Melonen, Äpfeln und Spiegeln bekannt ist.

Und als wäre dies noch nicht genug, liegt nur einige Meter entfernt auch noch das Belgische Comic-Zentrum.

Nach einem Tag voller Kultur und Sightseeing kann man seinen Akku in einem pulsierenden Viertel wieder aufladen: Jenseits der Waterloolaan (Boulevard de Waterloo) liegt eine abwechslungsreiche Gegend, in der die afrikanische Gemeinschaft vorherrscht und das alte, urgemütliche Brüssel zutage tritt. Das afrikanische Viertel wird Matonge genannt, nach einem Viertel in Kinshasa, der Hauptstadt der ehemaligen Kolonie Belgisch-Kongo. Hier ist immer und überall viel los – in den Lebensmittelläden mit exotischem Gemüse, in den Internetcafés, (Tanz-)Cafés und Restaurants.

Die kongolesische Lebensart geht nahtlos über in die gemütliche, typische Brüsseler Atmosphäre des Sint-Bonifaas-Viertels. Dieses Quartier, das nach der gleichnamigen Kirche benannt wurde, ist wegen der großen Auswahl an Restaurants und Straßencafés sehr beliebt.

6 Insider-Tipps

Plaizier

Schöne Postkarten
kaufen und schreiben.

Botanique

Einen ganzen Abend in
einem einzigen Lokal
verbringen.

Magritte-Museum

Ceci n'est pas un musée.
Mal nachsehen ...

Lang-Levenstraat

Die Atmosphäre des
Kongo im Herzen Brüssels
genießen.

**Kathedrale St. Michael
und St. Gudula**

Die Hofkathedrale
Belgiens besuchen.

Volle Gas

stoemp und
andere Köstlichkeiten
kennenlernen.

 Sehenswürdigkeiten   **Essen & Trinken**

Shoppen   **100% there**

Sehenswürdigkeiten

(1) Das Belgische **Comic-Zentrum** bietet einen schönen Einblick in die Geschichte der "neunten Kunst", wie Comics auch genannt werden. Übrigens ist auch das 1903 von Victor Horta im Art-nouveau-Stil erbaute Haus, in dem das Stripmuseum untergebracht ist, außergewöhnlich. Das Marc-Sleen-Museum gegenüber steht ganz im Zeichen des gleichnamigen Zeichners von Nero, dem flämischen Antihelden, dessen Abenteuer zwischen 1951 und 2002 in diversen belgischen Zeitungen erschienen sind.
zandstraat 20, www.stripmuseum.be, telefon: 02 2191980, geöffnet: di-so 10.00-18.00, eintritt: 8 €, u-bahn: centraal station

(4) Die **Congreszuil** (Colonne du Congrès) ist eine 47 Meter hohe Säule, von der aus Leopold I., der erste König Belgiens, auf seine Untertanen blickt. Das 1850 von Joseph Poelaert, dem Architekten des Justizpalastes, entworfene Monument wurde zu Ehren des Nationalkongresses errichtet, der 1831 die belgische Verfassung verabschiedete. Als Hommage an den unbekannten Soldaten brennt am Fuß eine ewige Flamme. Am Platz selbst liegt einer der größten Schandflecken der Stadt: das leer stehende Gebäude des **Rijksadministratief Centrum**. Vor Jahren noch eine belebte Behörde, heute der Zankapfel der Politiker, die sich nicht über einen neuen Verwendungszweck einigen können.
congresplein, u-bahn: park, straßenbahn 94

(5) Das **flämische Parlament** ist eines der insgesamt sechs Parlamente des Landes und befindet sich nicht ohne Grund in Brüssel. Denn die Flamen fürchten nichts mehr als die völlige "Französisierung" ihrer Hauptstadt. Praktisch: Der Sitz der Parlamentsverwaltung ist gleich gegenüber, im Huis der Vlaamse Volksvertegenwoordigers (Haus der flämischen Volksvertreter). In zwei Gebäudeteilen sind ein Ausstellungsraum und ein Besucherzentrum untergebracht. Verbunden werden sie durch eine riesige, orangefarbene Skulptur, The Sequence, des Designers und Künstlers Arne Quinze.
leuvenseweg 86, www.vlaamsparlement.be, telefon: 02 5524611, geöffnet: nur kostenlose führungen nach vereinbarung (mindestens zwei monate im voraus reservieren), u-bahn: park

⑥ KATHEDRALE ST. MICHAEL UND ST. GUDULA

(6) Die **Kathedrale St. Michael** und **St. Gudula**, deren Bau im 13. Jahrhundert begann, wurde wiederholt umgebaut. Oftmals war sie Schauplatz historischer Ereignisse wie Hochzeits- und Trauerzeremonien der belgischen Königsfamilie. Heute finden in dieser Kirche, übrigens ein Paradebeispiel Brabanter Gotik, regelmäßig Konzerte und Ausstellungen statt. Im Frühjahr gleicht der Platz vor der Kathedrale einem Meer aus lila und gelben Blumen. Und im April und Mai kann jeder im Observationszentrum am Fuß der Kirche den Wander- falken im Turm beim Brüten per Webcam zuschauen (*www.slechtvalken.be*). *sint-goedeleplein, www.cathedralestmichel.be, telefon: 02 2178345, geöffnet: mo-fr 8.00-18.00, sa-so 8.30-18.00, eintritt: frei, u-bahn: centraal station*

(7) **Design Vlaanderen** hat sich zum Ziel gesetzt, modernes Design aus Flandern zu fördern. In der Galerie in der Kanselarijstraat (Rue de la Chancellerie) werden Sonderausstellungen über diverse angewandte Techniken und Materialen wie Grafikdesign, Accessoires, Glas, Schmuck, Keramik, Möbel und Einrichtungsgegenstände, Multimedia und Textil gezeigt. *kanselarijstraat 19, www.designvlaanderen.be, telefon: 02 2276060, geöffnet: di-fr 11.00-18.00, sa-so 13.00-17.00 und nach vereinbarung, eintritt: frei, u-bahn: centraal station*

(10) Der **Königliche Palast**, ein eher schlichter Bau aus dem 19. Jahrhundert, ist der Amtssitz des belgischen Königs. Wenn er im Land ist, weht die Nationalfahne auf dem Dach. Ist der König im Palast, dann ist auch die Ehrenwache im Einsatz. Nach den Empfängen und der täglichen Arbeit kehrt der Monarch abends zu seiner Residenz im prächtigen Park van Laken (Parc de Laeken) zurück. *paleizenplein, www.monarchie.be/nl/paleis-patrimonium/koninklijk-paleis, geöffnet: nur für einige tage nach dem nationalfeiertag (21. juli) geöffnet, eintritt: frei, u-bahn: park, straßenbahn: 94*

(11) Im 18. Jahrhundert war das Bellevue ein Hotel für gut betuchte Reisende, heute ist hier das **BELvue-Museum** untergebracht. In diesem Museum, das Bestandteil des Königlichen Palastes ist, erfährt man alles über die Geschichte Belgiens, vom Volksaufstand im Jahr 1830 bis zum heutgen Bundesstaat. *paleizenplein 7, www.belvue.be, telefon: 02 5450800, geöffnet: di-fr 10.00- 17.00, sa-so 10.00-18.00, eintritt: 5 €, u-bahn: park, straßenbahn: 94*

(16) Der **Kunstberg** verbindet den in der Oberstadt liegenden Koningsplein (Place Royale) – über eine Vielzahl von breiten Treppen – mit dem Zentrum in der Unterstadt. Der Weg nach oben hat es in sich, die grandiose Aussicht auch. Am Koningsplein sitzt Gottfried von Bouillon hoch zu Pferd und blickt mit Ihnen in die Ferne.
kunstberg, u-bahn: centraal station

(17) In der **Königlichen Bibliothek Belgiens** (auch "Albertina" genannt) wird das gedruckte Erbe des Landes aufbewahrt und geschützt. Die Sammlung umfasst rund vier Millionen Bücher und Manuskripte und reicht bis ins 15. Jahrhundert zurück. Gelegentlich finden hier auch Ausstellungen statt, und zwar in der Nassaukapel (Chapelle de Nassau). Diese Kapelle ist der Überrest des einstigen Nassaupalastes, der Residenz der namhaften Familie Nassau aus dem 16. Jahrhundert. Die Bibliothek beherbergt auch ein **Buchdruckmuseum**, in dem alte Druckerpressen und Setzkästen zu sehen sind. Besuchen Sie auch die fünfte Etage, denn auf der Terrasse baut die hauseigene Cafeteria Gemüse an.
keizerslaan 2, www.kbr.be, telefon: 02 5195311, geöffnet: mo-fr 9.00-19.00, sa 9.00-17.00, museum mo-fr 9.00-16.45, nassaukapel mo-sa 9.00-17.00, eintritt: bibliothek: 2,50 €, museum und kapelle: frei, u-bahn: centraal station

(18) Das **Hotel Ravenstein**, ein etwas versteckt liegendes Schlösschen im Herzen der Stadt, ist eines der wenigen erhalten gebliebenen Herrenhäuser aus dem 15. Jahrhundert. Im einstigen Wohnhaus der Familie Van Cleef-Ravenstein befinden sich heute die Verwaltung und die Bibliothek des Filmmuseums. Leider kann nur der Innenhof besichtigt werden.
ravensteinstraat 1, u-bahn: centraal station

(19) Am Museumplein (Place du Musée) liegt auch der ehemalige **Palast des Karl Alexander von Lothringen**, des Gouverneurs der Südlichen Niederlande im 18. Jahrhundert, die damals unter österreichischer Hoheit standen. Das Gebäude beherbergt ein Museum, das sich mit dem Leben des früheren Bewohners auseinandersetzt. In der prächtigen Privatkapelle werden nach wie vor protestantische Gottesdienste abgehalten.
museumplein 1, www.kbr.be, telefon: 02 5195303, geöffnet: mi & sa 13.00-17.00, eintritt: 3 €, u-bahn: park, straßenbahn: 94

(20) Im herrlichen, vom Architekten Saintenoy entworfenen Art-nouveau-Haus Old England befindet sich das weltweit größte **Musikinstrumentenmuseum** (MIM). Die Sammlung umfasst 7000 Instrumente, von denen etwa 1500 audiovisuell bewundert werden können. Ein Restaurantbesuch in der obersten Etage lohnt sich allein schon wegen des grandiosen Blicks auf die Unterstadt.
hofberg 2, www.mim.be, telefon: 02 5450153, geöffnet: di-fr 9.30-17.00, sa-so 10.00-17.00, eintritt: 8 €, u-bahn: centraal station & park

(21) Kommt Ihnen der Satz "Ceci n'est pas une pipe" auch so bekannt vor? Diese Aussage tätigte der Surrealist René Magritte (1888–1967), Belgiens wohl bekanntester Künstler. Im **Magritte-Museum**, das im Jahr 2009 seine Tore öffnete, findet man all seine Hirngespinste: schwebende Melonen, maskierte Äpfel und ebenjene Pfeife, die keine ist.
koningsplein 1, www.musee-magritte-museum.be, telefon: 02 5083211, geöffnet: di & do-so 10.00-17.00, mi 10.00-20.00, eintritt: 8 €, u-bahn: park, straßenbahn: 94

(22) Zu den **Königlichen Museen der Schönen Künste** gehören unter anderem das Museum für Alte Kunst und das Museum für Moderne Kunst. Im Ersteren stehen Maler aus dem 15. bis 18. Jahrhundert wie Pieter Bruegel der Ältere, Peter Paul Rubens und Hans Memling im Fokus, im zweiten Werke bekannter Künstler wie Picasso, Dalí, Matisse und Warhol.
regentschapsstraat 3, www.fine-arts-museum.be, telefon: 02 5083211, geöffnet: di-so 10.00-17.00, eintritt: 8 €, u-bahn, straßenbahn 94

(23) Rein äußerlich ähnelt die **Sint-Jacob-op-de-Koudenberg** (Saint-Jacques-sur-Coudenberg) mehr einem römischen Tempel als einer Kirche. Insbesondere für das belgische Königshaus hat die zwischen 1776 und 1780 erbaute Kirche großen Symbolwert: Hier fand die Inthronisation Leopolds I. zum ersten König Belgiens statt, und zahlreiche Mitglieder der Königsfamilie wurden hier getauft und bestattet.
impasse borgendael 1, koningsplein, telefon: 02 5117836, geöffnet: di-sa 13.00-18.00, so 9.00-18.00, eintritt: frei, u-bahn: park, straßenbahn: 94

㉚ An der Ecke der Sint-Bonifaasstraat (Rue Saint-Boniface) und der Ernest Solvaystraat befindet sich ein imposantes, um 1900 erbautes **Art-nouveau-Ensemble**. Von diesen Häusern – alle aus der Hand Ernest Blérots – sind in der Sint-Bonifaasstraat vor allem die Hausnummern 15, 17, 19, 20 und 22 und in der Ernest Solvaystraat die Hausnummern 12, 20 und 24 sehr sehenswert. Was auf den ersten Blick ähnlich aussieht, entpuppt sich bei näherem Hinsehen doch als sehr verschieden.
ecke sint-bonifaasstraat und ernest solvaystraat, u-bahn: naamsepoort

Essen & Trinken

(8) Im **Café Gudule** mit der gemütlichen Einrichtung und der bunten Wandbemalung gibt es köstliche Burger, Salate und Sandwiches. Wer gerne Leute beobachtet, kann sich an vorbeieilenden Geschäftsleuten sattsehen.
jonkersstraat 11, telefon: 02 5031015, geöffnet: mo-fr 9.00-17.00, preis: mittagessen 13 €, picknick 13 €, brunch 20 €, u-bahn: centraal station

(15) Obwohl das **Goupil le Fol** nur ein paar Schritte vom Großen Markt und dem Manneken Pis entfernt liegt, ist es bei Touristen nahezu unbekannt. Innen gleicht das Lokal einem Labyrinth aus Treppen und Räumen, vollgestopft mit Möbeln und Nippes. Ausgeschenkt werden ausschließlich Fruchtbiere, -weine und -säfte.
violetstraat 22, telefon: 02 5111396, geöffnet: täglich 20.00-5.00, preis: getränk 4 €, u-bahn: centraal station

(24) Das **Le Petit Palais** befindet sich in einer Gasse, die leicht zu übersehen ist. Das typische Brüsseler Restaurant wird von Fred und Lylli betrieben – ganz ohne Personal. Die Speisekarte ist nicht gerade üppig, aber das scheint niemanden zu stören. Fleisch und Pommes gibt es immer und natürlich eine große Bierauswahl.
ezelsstraat 5, www.lepetitpalais.be, telefon: 02 5121012, geöffnet: di-fr 11.45-14.30 & 19.00-22.30, sa 19.00-22.30, preis: 20 €, u-bahn: naamsepoort, straßenbahn: 94

(26) Das **Kabu** ist eine Art kulinarische Entdeckungsreise durch Japan. Mit Kunstgras unter den Füßen stellt man sein Essen selbst aus Salaten, rohem Fisch und Grillgerichten zusammen – oder man lässt sich vom Küchenchef überraschen.
kernstraat 48, www.kabu.be, telefon: 02 5142800, geöffnet: di-fr 12.00-14.00 & 18.00-22.00, sa 18.00-22.00, preis: 8, 9 oder 13 € pro portion, u-bahn: naamsepoort

Goupil Le Fol

Goupil Le Fol ⑮

⑧

㊲

36 L'ATHÉNÉE

28 "Der König der Muscheln mit Pommes und der Brüsseler Spezialitäten" – so bezeichnet sich das Restaurant **Au Vieux Bruxelles** selbst. Mit Recht! Das Lokal wurde 1882 gegründet, und so sieht es heute noch aus: Nur die Tischdecken und die Schürzen der Bedienungen sind nicht sepiabraun. *sint-bonifaasstraat 35, www.auvieuxbruxelles.com, telefon: 02 5033111, geöffnet: di-do 18.30-23.30, fr-sa 18.30-0.00, so 12.00-14.30 & 18.30-23.30, preis: 20 €, u-bahn: naamsepoort*

㉙ Im **Comptoir Florian** können Sie Tee probieren und Ihre Lieblingsblends erstehen. Im Salon wird der Tee mit viel Liebe und nach allen Regeln der Kunst zubereitet. Damit man in aller Ruhe genießen kann, wird bereits beim Entree gebeten, Handys auszuschalten.
sint-bonifaasstraat 17, www.comptoirflorian.be, telefon: 02 5139103, geöffnet: di-sa 11.00-20.00, preis: tasse tee 3 €, u-bahn: naamsepoort

㉛ Die **Lang-Levenstraat** (Rue Longue Vie) liegt mitten im afrikanischen Viertel Matonge. Dass hier überwiegend Kongolesen wohnen, ist kein Zufall, denn von 1908 bis 1960 war der Kongo eine belgische Kolonie. Hier findet man viele unterschiedliche Restaurants, die sich in der Qualität kaum unterscheiden. In den Sommermonaten sitzt man an langen Tischen direkt vor den Lokalen.
lang-levenstraat, u-bahn: naamsepoort

㉜ Das **Belgo-Belge** ist ein Restaurant am Sint-Bonifaasplein (Place Saint-Boniface), am Fuß der gleichnamigen Kirche. Diese Brasserie hält die belgische Küche in Ehren und serviert Gerichte wie *stoemp* (Eintopf) mit Wurst, *stoofvlees* (Schmorfleisch) und *waterzooi* (Hühnereintopf).
vredestraat 20, www.belgobelge.be, telefon: 02 5111121, geöffnet: täglich 12.00-14.30 & 19.00-23.30, preis: 15 €, u-bahn: naamsepoort

㊱ Das **L'Athénée** ist eine urgemütliche Kneipe – daran ändert auch das Publikum nichts, das sich manchmal betont locker gibt. Das Lokal liegt hinter der Kirche Sint-Bonifaas und dem gleichnamigen Platz, auf dem in den Sommermonaten Liegestühle und Tische aufgestellt werden.
jules bouillonstraat 2, telefon: 02 5482710, geöffnet: mo-fr 12.00-1.00, sa-so 14.00-1.00, preis: getränk 2 €, u-bahn: naamsepoort

㊲ In der Brasserie **Volle Gas** kommen belgische und Brüsseler Spezialitäten auf den Tisch. Hier konzentriert man sich auf das Kulinarische – nicht selten mit überraschenden Ergebnissen. Vor allem der *stoemp royale*, ein mit Speck, Würstchen, weißem Pansen und Spiegelei servierter Eintopf, ist ein Muss.
fernand cocqplein 21, www.restaurant-volle-gas-bruxelles.be, telefon: 02 5028917, geöffnet: mo-sa 11.00-0.00, feiertage 18.00-0.00, preis: 14 €, u-bahn: naamsepoort

Shoppen

⑭ Um seine ohnehin schon große Postkarten-, Poster- und Büchersammlung im Retro-Stil noch weiter zu vergrößern, arbeitet der Verlag **Plaizier** mit Zeichnern, Fotografen und Archiven zusammen. Warum nicht mal altmodische Postkarten aus Brüssel (ohne Pommes- oder Biermotiv) verschicken?
spoormakersstraat 50, www.plaizier.be, telefon: 02 5134730, geöffnet: mo-sa 11.00-18.00, im dez. auch so 11.00-18.00, u-bahn: centraal station

㉕ In seinem Laden **Home – Autour du Monde** zeigt Serge Bensimon, der Pionier des *concept store* in Frankreich, neben seiner eigenen, erschwinglichen Modekollektion auch Kleidung, Deko und Kunst aus aller Welt. Die extrem leichten Handtaschen und Sneakers sind international ein Verkaufsschlager.
naamsestraat 70, www.bensimon.com, telefon: 02 5035592, geöffnet: mo-sa 10.00-18.30, u-bahn: naamsepoort

㉗ Die berühmte, nach der ältesten Tochter Leopolds II. benannte **Louizalaan** (Avenue Louise), ist eine stattliche Allee zwischen dem "kleinen Ring" und dem Ter Kamerenbos. Am Anfang der Allee an dem gleichnamigen Platz findet man viele schicke Boutiquen und Chocolatiers. New York und Mailand lassen grüßen ...
louizalaan, u-bahn: louiza

㉝ Im 18. Jahrhundert zog sich die (betuchte) Frau des Hauses gewöhnlich in ihr Boudoir zurück. Auch das **Le Petit Boudoir** ist in erster Linie ein Refugium für weibliche Kunden. Hier bietet die Inhaberin Milika Kahan bezahlbare Accessoires an, die sie im In- und Ausland erstanden hat.
vredestraat 19, telefon: 02 5125177, geöffnet: mo 12.00-18.30, di-sa 11.00-18.30, u-bahn: naamsepoort

㉞ **Kusje** hat neben Nudie Jeans, American Vintage und La Fille d'O auch weniger bekannte Marken wie Loreak Mendian im Sortiment: schöne Stiefel, Hüte, Hosen, Accessoires und vor allem ausgefallene Kleider.
vredestraat 12, telefon: 02 5147156, geöffnet: mo-fr 10.30-18.30, sa 10.30-19.00, u-bahn: naamsepoort

HOME – AUTOUR DU MONDE ㉕

㉟ Im hippen **Pax** werden Streetwear und Mobiliar verkauft. Die meisten Möbelstücke stammen aus den 1960er- und 1970er-Jahren. Absolut sehenswert: die Lampensammlung.
vredestraat 8, telefon: 02 5025231, geöffnet: mo-sa 10.00-18.30, u-bahn: naamsepoort

100% there

(2) Am modernistischen, 1952 von Maxime Brunfaut entworfenen **Bahnhof Brussel-Congres** stiegen früher die mehr als tausend Beamten des benachbarten Rijksadministratief Centrum ein und aus. Nach der Auflösung dieser Behörde diente der Bahnhof in erster Linie nur noch als Lüftungsschacht für die darunterliegende Nord-Süd-Verbindung. Seit 2008 hat die Stiftung Congres, ein Veranstalter künstlerischer und kultureller Events, hier ihren Sitz.
pachecolaan 38, www.bruxelles-congres.be, geöffnet: bahnhof mo-fr 7.00-19.00, bar mo-fr 7.00-15.00, veranstaltungen sa-so, u-bahn: botanique

(3) Der heute sehr beliebte Kulturtempel der französischen Gemeinschaft, **Botanique**, war bis 1984 ein Platz der Wissenschaft und botanischer Studien. Außer dem **Café Bota**, das übrigens eine herrliche Terrasse hat, findet man eine Kunstgalerie, zwei Theater, ein kleines Kino und zwei Konzertsäle, in denen (inter-)nationale Bands auftreten.
koningsstraat 236, www.botanique.be, telefon: 02 2183732, geöffnet: galerie mi-so 12.00-20.00, café täglich: 11.00-0.00, eintritt galerie: 6,50 €, konzerte ab 10 €, u-bahn: kruidtuin, straßenbahn: 94

(9) Der im 18. Jahrhundert erbaute **Warandepark** liegt neben dem Palast der Nation, dem Sitz des föderalen Parlaments Belgiens. Der Park wurde nach den Kriterien klassischer Baukunst angelegt: mit einem symmetrischen Grundriss, einem großen Springbrunnen in der Mitte und diversen Statuen. Einst war der Park Treffpunkt von Adligen, die der Französischen Revolution entronnen waren, heute drehen dort sportliche Eurokraten ihre Runden, finden im Sommer Freiluftkonzerte und im **Koninklijke Parkschouwburg** Theatervorstellungen statt.
koningsstraat, www.theatreduparc.be, u-bahn: park

(12) Das Kino **Cinematek** im Palast der Schönen Künste zeigt Filme aus der Sammlung des Königlichen Filmarchivs, eines der weltweit größten seiner Art. Hier werden 110 Jahre Filmgeschichte gezeigt. Bei 45 Streifen pro Woche kommen nicht nur eingefleischte Filmfans auf ihre Kosten.
baron hortastraat 9, www.cinematek.be, telefon: 02 5511919, geöffnet: vorstellungen täglich ab 15.00, preis: 3 €, ausstellung: frei, u-bahn: centraal station

⑬ **Bozar** ist zum einen der Name des Brüsseler Kunstpalastes, zum anderen eine Abwandlung von "Beaux Arts", französisch für "schöne Künste". Im Bozar finden zahlreiche Konzerte, Bühnenstücke, Theater- und Filmvorstellungen sowie eine Vielzahl von Ausstellungen statt. Das 1928 von Victor Horta entworfene Gebäude war das weltweit erste Zentrum für Kulturveranstaltungen. *ravensteinstraat 23, www.bozar.be, telefon: 02 5078444, geöffnet: di-so 10.00-18.00, eintritt: ab 7,50 €, u-bahn: centraal station & park*

SPAZIERGANG 6

Vom Comic-Zentrum (1) aus erreichen Sie über eine breite Treppe die Pachecolaan. Von hier geht es links an einem besonderen Bahnhof (2) vorbei. Dann rechts abbiegen, die Straße überqueren, um in der Botanique ein Programmheft zu holen oder zu brunchen (3). Zurückgehen und geradeaus in die Koningsstraat gehen, in der sich etwas weiter die Congreszuil (4) befindet. Links abbiegen und rechts in die Drukpersstraat abbiegen. Zur Linken sehen Sie das riesige rote Kunstwerk des flämischen Parlaments (5). Rechts abbiegen, die Koningsstraat überqueren und rechts Richtung Leuvenseplein gehen. Links in die De Lignestraat einbiegen und die mächtige Kathedrale (6) umrunden. Danach rechts abbiegen, um Design (7) zu kaufen und danach links, um ein Sandwich zu essen (8). Zurückgehen, links in die Koloniënstraat und dann rechts in den Warandepark (9) einbiegen. Den Park gegenüber verlassen. Beim Königlichen Palast (10) rechts gehen und das Museum (11) besuchen. Rechts und danach links gehen, die Treppe hinabsteigen, wo ein Kino (12) und ein Kunstpalast (13) warten. Die Straße überqueren und die durch die Ravensteingalerij hindurch. Am Ende links abbiegen und Richtung Zentrum hinuntergehen. Hier gibt es schöne Postkarten (14) und eine besonderes Café (15). Zurückgehen und geradeaus durch die der Sint-Jansstraat bis zum Kunstberg (16) spazieren. Neben der Bibliothek (17) die Treppen hinaufsteigen, oben links abbiegen und das alte Hotel Ravenstein (18) oder rechts den Palast (19) am Museumplein bewundern. Von hier geht es geradeaus weiter am MIM (20) vorbei. Am Koningsplein kommen Kunstfans auf ihre Kosten (21) (22). Zum Platz zurückkehren und vor der Kirche (23) durch das Tor gehen, um etwas zu essen oder um shoppen zu gehen (24) (25) (26). Danach rechts und dann links abbiegen, um zum schicken Louizaplein (27) zu gelangen. Am Stefaniaplein links in die Koninklijke-Prinsstraat abbiegen, dann links in die Keienveldstraat und rechts in die Herderstraat. Gleich wieder rechts und dann links gehen, um rechts Muscheln zu essen (28), Tee zu trinken (29) oder ein Art-nouveau-Ensemble (30) zu besichtigen. Danach links und gleich wieder rechts gehen. Hier gibt es Exotisches zu kaufen und zu essen (31). Dann rechts in das Bonifaas-Viertel eintauchen, wo es belgische Gerichte (32) und nette Läden gibt (33) (34) (35). Links in die Atheneumstraat abbiegen, um den Abend mit Studenten einzuläuten (36), bevor Sie ihn etwas weiter rechts im Volle Gas (37) ausklingen lassen.

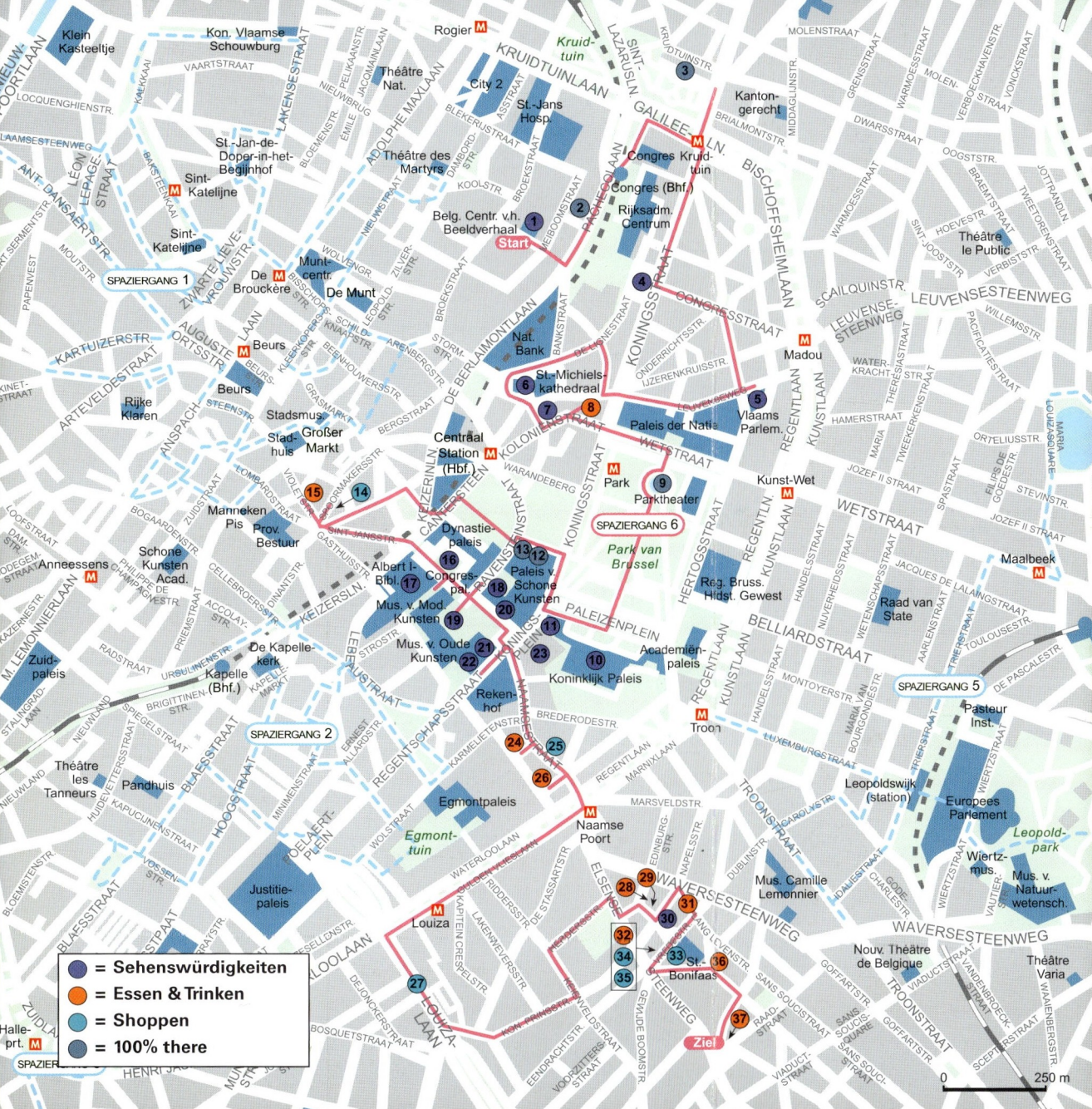

Klein Kasteeltje · Kon. Vlaamse Schouwburg · Rogier Ⓜ · Kruidtuin · KRUIDTUINLAAN · Kantongerecht · MOLENSTRAAT

SPAZIERGANG 1

= Sehenswürdigkeiten
= Essen & Trinken
= Shoppen
= 100% there

0 _____ 250 m

Weitere Sehenswürdigkeiten

Wer den Spaziergängen des 100% Cityguides folgt, wird die schönsten Sehenswürdigkeiten automatisch entdecken. Aber Brüssel hat natürlich noch mehr zu bieten. Hier folgen ein paar weitere 100% Tipps. Die Buchstaben der Sehenswürdigkeiten finden Sie auf dem Übersichtsplan am Anfang des 100% Cityguides.

Ⓛ Das von dem Ingenieur André Waterkeyn entworfene **Atomium** war der bedeutendste Beitrag Belgiens zur Weltausstellung "Expo" 1958 in Brüssel und gleichzeitig ihr Symbol. Es ist auch ein Sinnbild für den Glauben an Technik und Wissenschaft. Das 102 Meter hohe Bauwerk mit den neun miteinander verbundenen Kugeln stellt eine Eisenkristallstruktur dar – in 165-milliarden-facher Vergrößerung. Die obere Kugel bietet einen einmaligen Rundblick auf Brüssel. Daneben gibt es eine "Kinderkugel" und eine Kugel für zeitweilige Ausstellungen. Seit 2006 ist das Atomium abends beleuchtet.
atomiumsquare, www.atomium.be, telefon: 02 4754777, geöffnet: täglich 10.00-18.00, eintritt: 11 €, u-bahn: heizel

Ⓜ Das zwischen 1781 und 1785 erbaute **Schloss Laken**, das Napoleon Bonaparte kurzerhand vor dem Abbruch rettete, ist seit der Gründung des Staates 1830 das Wohnhaus der Königsfamilie. Im Auftrag von König Leopold II. entwarf der Architekt Alphonse Balat 1873 eine Gewächshausanlage im Art-nouveau-Stil. So passten die *serres* nicht nur hervorragend zum klassizistischen Schloss, sondern auch zu den exotischen Blumen und Pflanzen im Inneren. Im Frühling sind die Gewächshäuser, das Atelier der Königin Elisabeth und ein Teil des Schlossparks drei Wochen lang für das Publikum geöffnet (siehe Website).
koninklijk parklaan, www.monarchie.be, eintritt: 2,50 €, u-bahn: bockstael

Ⓝ Nach eigenen Angaben ist **Wiels** ein "internationales Laboratorium für die Schaffung und Verbreitung zeitgenössischer Kunst". Das innovative Kunstzentrum befindet sich in der ehemaligen Brauerei der Familie Wielemans aus den 1930er-Jahren, das von Adrien Blomme entworfen wurde. Hier sind auch Ateliers, Cafés und ein Restaurant untergebracht. Veranstaltungshinweise gibt es auf der Website.
van volxemlaan 354, www.wiels.org, telefon: 02 3400053, geöffnet: mi-sa 12.00-19.00, so 11.00-18.00, eintritt: 6 €, u-bahn: zuidstation

ATOMIUM Ⓛ

Ⓞ Das **Rood-Klooster** (Rouge-Cloître) ist Gegenwart und Vergangenheit, Kultur und Natur in einem und befindet sich im alten Gemäuer eines Priorats aus dem 18. Jahrhundert. Das Kulturzentrum mit den schönen Gärten, alten Seen und Spielbereichen liegt in einem von insgesamt fünf Naturschutzgebieten des riesigen Zonienwaldes.

roodkloosterstraat 4, www.rouge-cloitre.be, telefon: 02 6605597, geöffnet: ausstellungen di-do & sa-so 14.00-17.00, eintritt: frei, u-bahn: hermann-debroux

Ausgehen

Brüsseler feiern gern. Der Abend fängt meist mit einem Aperitif in einer Kneipe, zu Hause oder bei Freunden an. In den Sommermonaten finden freitags an wechselnden Orten kostenlose *stad-apéros* (aperos urbains) unter freiem Himmel statt, die dann in *apéros club partys* – in Lokalitäten – übergehen (siehe aperos.netevents.be). In das Nachtleben stürzt man sich erst nach dem ausgiebigen Abendessen, das in der Regel nicht vor 20 Uhr aufgetischt wird. Im Folgenden einige Ausgehtipps. Besuchen Sie auch die Website *www.agenda.be* oder nehmen Sie das gleichnamige Magazin mit, das Sie überall in der Stadt an speziellen Säulen antreffen. Einige der hier genannten Adressen liegen auch innerhalb der Spaziergänge (siehe Index).

MUSIK

Pop/Rock/DJs

Livemusik gibt es in Brüssel in den meisten Kneipen. Wundern Sie sich nicht, wenn an Wochenenden urplötzlich irgendwo eine Bühne aufgebaut oder eine DJ-Ecke eingerichtet wird wie in der **Bar du Matin** oder im **Delecta**. Auch in den Cafés am Sint-Goriksplein (Place Saint-Géry) im Zentrum ist immer viel los (siehe *www.stoemplive.be*). Natürlich gibt es in Brüssel auch echte Konzerthallen wie das Kulturzentrum der französischsprachigen Gemeinschaft Belgiens, das **Botanique**. Wer mehr auf Musik jenseits des Mainstreams steht, sollte sich mal auf der Website *www.vkconcerts.be* umschauen.

(P) In Brüssel haben die französisch- und niederländischsprachige Gemeinschaft jeweils ihre eigenen Theater-, Tanz- und Musikbühnen. Ausgerechnet ein flämischer Pop- und Rocktempel schmückt sich mit einem französischen Namen: **Ancienne Belgique** ("das alte Belgien"). Hier treten neben flämischen Künstlern auch wallonische und internationale Artisten auf. Donnerstags gibt es kostenlose Nachmittagskonzerte (siehe *www.broodjebrussel.be*). *anspachlaan 114, www.abconcerts.be, telefon: 02 5482424, geöffnet: konzertanfang 20.00, oder wie angezeigt, preis: ab 12 €, u-bahn: beurs & de brouckère*

(Q) **Vorst Nationaal**, der größte Konzertsaal Brüssels, bietet mehr als 8000 Personen Platz. Hier spielten bereits große Namen wie U2, The Rolling Stones

und Prince. Einziger Nachteil: Die Halle liegt weit vom Zentrum entfernt.
globelaan 36, www.vorstnationaal.be, telefon: 070 252020, geöffnet: konzert-
anfang 20.00, oder wie angezeigt, preis: ab 30 €, straßenbahn 81

(R) Das Credo des **Les Ateliers Claus** lautet "between art & rock 'n' roll". Seit
der Gründung im Jahr 2006 hat sich diese Werkstatt für kreative Talente zu
einer Bühne für experimentelle Kunst entwickelt. Inzwischen hat das Haus im
In- und Ausland einen sehr guten Ruf.
passage charles rogier, brabantstraat 23a, www.lesateliersclaus.com, telefon:
02 5345103, geöffnet: anfang 20.00, oder wie angezeigt, eintritt: meist frei,
sonst ab 5 €, u-bahn: noordstation

Jazz
Das Saxofon ist eine Erfindung des Brüsselers Adolphe Sax, und auch der
berühmte Mundharmonikaspieler Toots Thielemans ist ein Sohn der Stadt.
Dass Brüssel eine echte Jazz-Stadt ist, beweist der jährliche **Brussels Jazz
Marathon** (*www.brusselsjazzmarathon.be*) mit Auftritten von Jazzmusikern
aus aller Welt. Im **L'Archiduc** dagegen gibt es das ganze Jahr über Live-Jazz,
und man kann bis frühmorgens tanzen. Gleiches gilt für das **Chat-Pitre** unweit
des Kasteleinplein (Place du Châtelain), in dem mittwochabends Jamsessions
stattfinden.

(S) Im **Café Bonnefooi**, nur wenige Schritte vom Großen Markt entfernt, wird
seit 2008 tagtäglich Livemusik gespielt, oder es legt ein DJ auf. Ob Jazz, Welt-
musik, Rock oder Klezmer: Hauptsache, es hört sich gut an.
steenstraat 8, www.bonnefooi.be, geöffnet: täglich 16.00-8.00, eintritt: (meist)
frei, u-bahn: beurs

Klassik
Die bedeutendste Bühne für klassische Musik ist der Palast für Schöne Künste
(Bozar; S. 133). Auch in Flagey (S. 92) finden regelmäßig klassische Konzerte
statt. In der prächtigen Koninklijke Muntschouwburg werden Opern und
klassische Werke aufgeführt.

Weltmusik
Das **Couleur Café** ist ein buntes, jährlich (Ende Juni) stattfindendes Festival
am Tour&Taxis-terrein (*www.couleurcafe.be*).

THEATER

Brüssel ist reich an (französisch- und niederländischsprachigen) Theatern. In der Beursschouwburg (*www.beursschouwburg.be*) und im Kaaitheater (*www.kaaitheater.be*) werden vor allem experimentelle Stücke aufgeführt. Wer einigermaßen Französisch spricht, kann sich die Vorstellungen im **Théâtre National** (*www.theatrenational.be*), in der **Koninklijke Parkschouwburg** im **Warandepark** (S. 132) oder im schicken **Théâtre de Poche** im reizvollen Ter Kamerenbos (S. 90) ansehen.

(T) Die **Koninklijke Vlaamse Schouwburg** (KVS) wurde 1887 gegründet und war das erste niederländischsprachige Theater Brüssels. Heute finden hier fast täglich Vorstellungen statt, teils auch sehr renommierte Produktionen. De Bol ist der größte (restaurierte) Saal dieses historischen Theaters an der Lakensestraat. Die Box, ein Theater in einem neuen Gebäude am Arduinkaai (Quai aux Pierres de Taille), ist eine Blackbox mit beweglicher Tribüne.
arduinkaai 9, www.kvs.be, telefon: 02 2101112, geöffnet: anfang bol 20.00, box 20.30, preis: rang 1 bol ab 19 €, rang 2 bol ab 16 €, box ab 16 €, u-bahn: ijzer

FILM

In den Sommermonaten schießen in Brüssel die Open-Air-Kinos wie Pilze aus dem Boden (aktuelle Infos unter *www.festivalfantastique.org* und *www.nova-cinema.org* unter 'pleinOPENair'). Bei schönem Wetter zeigt die **Bar Potemkine** Filme am Fuß des Halleport. Außerdem gibt es das jährliche Brussels Internationaal Festival van de Fantastische Film (*www.bifff.org*). Natürlich kann man in Brüssel auch einfach nur ins Kino gehen. Außer Flagey (S. 92) und Cinematek (S. 132) bietet sich auch das folgende Kino an:

(U) Das **Cinema Nova** ist einmalig. Die Fassade und auch die Einrichtung sind wie die Filme, die hier gezeigt werden – einfach anders. Bis weit über die Landesgrenzen hinaus ist dieses Filmtheater für sein absurdes und bizarres Programm bekannt: unabhängige Filme und Videos, die nicht ins kommerzielle Bild der Mainstream-Kinos passen.
arenbergstraat 3, www.nova-cinema.org, telefon: 02 5112477, geöffnet: vorstellung 20.00, oder wie angezeigt, preis: 2,50-8 €, u-bahn: de brouckère

CLUBS

(v) Der Club **Fuse** ist schon seit 1994 eine feste Größe in der Technowelt.
Bekannte DJs wie Carl Cox und Paul Oakenfold legten hier auf. Einmal im
Monat ist gaynight (siehe www.lademence.com).
*blaesstraat 208, www.fuse.be, telefon: 02 5119789, geöffnet: sa 23.00-7.00,
eintritt: 10 €, u-bahn: hallepoort*

(w) Das **Mirano** ist einer der ältesten Electro- und Housetempel Brüssels und
schon seit mehr als 30 Jahren bei den Brüsselern sehr beliebt. Aber auch
immer mehr Expats finden sich donnerstags nach der After-Work-Party am
Luxemburgplein ein. Prince gab hier schon mal eine seiner berühmten After-
shows, und angeblich wurden auch Serge Gainsbourg und Grace Jones auf
der Tanzfläche gesichtet.
*leuvensesteenweg 38, www.mirano.be, telefon: 0488 477880, geöffnet: sa
23.00-5.00, eintritt: 10 €, u-bahn: madou*

(x) Im Herzen des Chinatown-in-Brussel sorgt der geheimnisvolle DJ **Mister
Wong** dafür, dass niemand ruhig stehen bleibt. Tanzende Massen auf Elektro
bis Indie, Disco bis Funk und Afro bis Kubanisch ...
*zwarte lievevrouwstraat 10, telefon: 0488 310249, geöffnet: mi 21.00-4.00,
do 22.00-4.00, fr & sa 22.00-6.00, eintritt: meist frei, sonst ab 5 €, u-bahn:
de brouckère*

(y) Der Name **Madame Moustache et son Freakshow** kommt nicht von
ungefähr: Schon am Eingang wird man von Puppen ohne Gliedmaßen und
gerahmten Zirkusfreaks begrüßt. Weiter geht es mit einer Bar, die gleichzeitig
Schießbude ist, und einer Lounge im Stil der 1980er-Jahre. Die ziemlich un-
freundlichen Türsteher sind leider im Preis enthalten ...
*brandhoutkaai 5, www.madamemoustache.be, telefon: 0485 534494, geöffnet:
di-so 17.00-4.00, eintritt: meist frei, sonst ab 5 €, u-bahn: sint-katelijne*

(z) "God is a dj" und **Spirito Martini** ist eine (ehemalige) anglikanische Kirche,
in der man das ganze Wochenende über tanzen kann.
*de stassartstraat 18, www.spirito-martini.com, telefon: 0483 580697, geöffnet:
do-sa und abend vor einem feiertag, bar 18.30-spät, küche 18.30-22.00, club
23.00-spät, eintritt: frei, ab 0.00 10 €, u-bahn: louiza*

Alphabetischer Index

Thematischer Index

unterwegs

Dieser 100% Cityguide wurde mit größter Sorgfalt zusammengestellt. Mo media gmbh ist nicht verantwortlich für eventuelle inhaltliche Fehler. Anmerkungen und/oder Kommentare können unter *www.100travel.de* mitgeteilt oder an die unten stehende Adresse gerichtet werden.

mo media gmbh, betr. 100% brüssel,
steinstraße 15, 10119 berlin,
e-mail info@momedia.com

autorin	liesbeth pieters
koautoren	taunya renson-martin, elisabeth lauweys, pieter-bas van wiechen, philip ebels
fotografie	verne, marjolein den hartog, teun voeten
übersetzung	gerrit j. ten bloemendal (für bookwerk, köln)
lektorat	ulrike grafberger (für bookwerk)
schlussredaktion	anke höhne (für bookwerk)
konzeptgestaltung	studio 100%
gestaltung & lithografie	mastercolors mediafactory
kartografie	van oort redactie en kartografie

100% brüssel	isbn 978-3-943-50242-8
	© mo media, berlin, oktober 2013